Reihe »Gärtnern leicht und richtig«

Balkon und Terrasse
Rosen
Gartenarbeit rund ums Jahr
Obstbäume schneiden und veredeln
Wassergärten
Gemüse
Biogarten
Gewächshäuser
Obst für kleine Gärten
1 × 1 der Zimmerpflanzenpflege
Bauerngärten
Mischkulturen
Tips und Tricks für Hobbygärtner
Palmen und Zimmerbäume
Sommerblumen, Gartenstauden
Ziergehölze
Steingärten
Gartenkräuter
Blumenzwiebeln für Garten und Haus
Aussaat und Vermehrung
Kompost, Erde, Düngung

Gärtnern leicht und richtig

Siegfried Stein

Aussaat und Vermehrung

Die Deutsche Bibliothek –
CIP-Einheitsaufnahme

Stein, Siegfried:
Aussaat und Vermehrung /
Siegfried Stein. –
München; Wien; Zürich: BLV, 1994
    (Gärtnern leicht und richtig)
    ISBN 3-405-14617-8

Bildnachweis: Alle Fotos vom Autor
außer: Eisenbeiss: 75

Umschlaggestaltung:
Studio Schübel, München

Umschlagfotos:
Vorderseite: W. Redeleit
Rückseite: vom Autor

BLV Verlagsgesellschaft mbH
München Wien Zürich
80797 München

© 1994 BLV Verlagsgesellschaft mbH,
München

Gedruckt auf chlorfrei
gebleichtem Papier

Lektorat: Barbara Kiesewetter
Layout: Anton Walter
Herstellung: Ernst Großkopf

Satz: ew print & medien, Würzburg
Druck: Appl, Wemding
Bindung: Auer, Donauwörth

Printed in Germany
ISBN 3-404-14617-8

Was man für die Pflanzen-kinderstube braucht

Pflanzen selber anzuziehen, ist eine schöne schöpferische Betätigung. Gleichgültig, ob es eine alternde Geranie ist, der wir mit aromatisch duftenden Stecklingen zu neuem Blühen verhelfen oder die Aussaat fürs Sommerblumenbeet. Zu sehen, wie alles wächst und gedeiht, macht ganz einfach Freude. Ganz abgesehen davon, daß man mit dem eigenen Bemühen auch manche Mark sparen kann – je größer der Garten ist, desto mehr schlägt das Pflanzenbudget zu Buche.

Auf die richtige Erde kommt es an

Stecklinge bewurzeln mitunter sehr leicht, als Medium genügt ein Glas mit frischem Wasser. Für andere braucht man ein Vermehrungsgemisch aus 1 Teil sauberem Bausand und 1 Teil feinfaserigem Torf (oder Torfersatzstoffen wie z.B. thermisch aufbereitetem Faserholz). Die selbstgemachte Mischung muß nährstoffarm sein, um so eher lassen sich die Wurzeln zur Nahrungssuche anregen. Im Handel gibt es zahlreiche fertige Aussaat- und Vermehrungserden. Bei ihnen kommt es auf folgende Faktoren an: lockere, luftige, durchlässige, aber keines-

Der eigene Reife-Kompost enthält viele Pilze und Bakterien, darunter auch solche, die den Pflanzenkindern gefährlich werden können. So wird er keimfrei: Eine hitzebeständige Folie mit dem Substrat füllen, verschließen und im Backofen bei 150° C eine halbe Stunde lang desinfizieren (oder in der Mikrowelle bei 600 Watt 10–15 Minuten lang).

falls pulverige Struktur, niedriger Nährstoffgehalt, aber ausreichend Kalk (pH 5,5–6,5).

Wichtiges Zubehör

Aussaatschalen sollen nicht allzu tief sein, damit sich die Pflänzchen besser pikieren lassen. **Torftabletten,** die sich nach dem Aufquellen zu kleinen Töpfchen mausern, eignen sich vor allem für Gurkengewächse, die beim Auspflanzen einen Ballen benötigen und deren emp-

Fachgerechtes Zubehör läßt die Pflanzenanzucht gelingen.

findliche Wurzeln beim Auspflanzen leicht Schaden nehmen.
Stabil und praktisch sind **Topfplatten** aus Kunststoff. In
ihnen stirbt die Hauptwurzel
automatisch ab und die Seitenwurzeln verzweigen sich zu
einem schönen Ballen. Größere
Samen kann man in die Töpfchen direkt säen und spart sich
das Pikieren, auch werden die
Pflänzchen nicht gestört.
Beliebte Anzuchtgefäße, die
nichts kosten, sind **Joghurt-
becher** (aus Kunststoff) und
Papp-Eierdeckel, die später
im Boden verrotten. Auch

Kein Müll: Torfquelltöpfe pflanzt
man später mit aus.

Recyclingtöpfe aus Altpapier
verbleiben als Humusbildner im
Boden. Keine Sorge, wenn sich
auf ihnen unansehnliche Pilze
niederlassen! Das ist normal bei
organischem Material und völlig
unschädlich. Allerdings dürfen
die Recyclingtöpfe nicht austrocknen. Beim Auspflanzen
reißt man sie auf – die Wurzeln
brauchen nämlich intensiven
Erdkontakt zum Anwachsen.
Wichtig sind auch die **Werkzeuge:** ein sauberes, gut
geschärftes Messer zum Stecklinge schneiden oder eine
Rasierklinge, Pikierstäbe aus
Kunststoff, Etiketten und
brauchbare Stifte mit wetterfe-
ster Schrift (es gibt gute Blei-
stifte dafür) und ein Spritzball
oder eine Gießkanne mit feiner
Brause, die zarte Pflänzchen
nicht verschlämmt.
Bei den meisten Stecklingen ist
die Wurzelbildung kein Problem.
Zitrusgewächse, Kamelien oder
verholzende Kübelpflanzen
brauchen meist Nachhilfe durch
Hormone. Im Handel gibt es
mehrere Bewurzelungspulver,
die das Wachstum anregen (z.B.
Wurzelfix, Seradix B, Neudofix,
Rhizopon A, AA und B). Man
tunkt die Stecklinge mit der
Schnittstelle hinein, schüttelt
übermäßige Mengen ab und
steckt sie anschließend ins Vermehrungssubstrat.

Jungpflanzen lieben es warm und feucht

Pflanzen benötigen zum Keimen und für ihre Entwicklung je nach Art eine genügende Menge an Wärme. Zwar gedeihen die meisten Pflanzen bei Zimmertemperatur, also bei 18–22° C, aber es gibt auch Ausnahmen.

Kopfsalat keimt besser kühl bei 8–12° C. Über 18–20° C ist mitunter die Keimung gehemmt. Besonders in heißen Sommern kann der Samen nicht gut keimen. Abhilfe: Immer nur abends säen und den Samen in einem feuchten Tuch für 24 Stunden im Kühlschrank vorkeimen.

Kaltkeimer (Frostkeimer) wie Veilchen, Himmelsschlüssel, Adonisröschen, Süßdolde oder Waldmeister brauchen die kühlen und feuchten Bedingungen des Winters, um naturbedingte Hemmstoffe abbauen und keimen zu können. Mehr darüber auf Seite 42.
Die meisten Pflanzen keimen gut bei Temperaturen, wie sie im Zimmer oder im Mai auch draußen herrschen, bei 18–20° C. Die wärmeliebenden Gurken, Paprika und Melonen fordern über 22, besser 25° C, um freudig zu keimen.

Für empfindliche Sämereien und anspruchsvolle Stecklingsvermehrungen lohnen sich regelbare Wärmeplatten mit ungefährlicher Niedervoltspannung, Heizkabel im Vermehrungsbeet oder eine Keimbox mit steuerbaren Temperaturen. Zu einem optimalen Kleinklima trägt entscheidend eine hohe Luftfeuchtigkeit bei – erst, wenn rundherum alles stimmt, öffnen die Pflanzen alle Spaltöff-

Vorgezogene Bohnen entgehen dem Angriff der Bohnenfliege.

nungen und entfalten sich. Fein verteilter Wasserstaub aus der Brause oder einem Spritzball, einem elektrischen Luftbefeuchter, mit Vlies abgedeckte Saatbeete, Schlitzfolie oder der

Schutz einer Abdeckung aus Kunststoff beziehungsweise eine Glasscheibe über den Pflanzenbabys verhindern das Austrocknen, lassen die Pflänzchen störungsfrei keimen und anwachsen. »Zimmergewächshäuser« sind dabei wertvolle Hilfen, die nicht viel kosten. Es handelt sich dabei um Kunststoffschalen mit transparenten Hauben, in der Regel mit einer Belüftungseinrichtung im Dach, damit keine Fäulnis auftritt. Einfacher geht es mit transparenten Folienbeuteln, in die man die Saatschale schiebt oder mit einer Schrumpffolie, die über eine Schale mit Stecklingen gezogen wird. Darunter bewurzeln sie sicher und trocknen nicht aus. Sofort nach dem Keimen oder Anwurzeln brauchen die Pflanzen frische Luft, sonst verfaulen sie.

Licht und Schatten

Licht dient den Pflanzen als Energiequelle. Zusammen mit Wasser und Nährstoffen, die die Wurzeln fördern und mit Kohlendioxid aus der Luft stellt die Pflanze daraus organische Masse her. Wenn auch jede Pflanze unterschiedliche Ansprüche stellt, gibt es dennoch ein Minimum an Licht, ohne das kein Wachstum möglich ist. Es liegt bei 800–1000 Lux (Lux = Lichtmeßwert). Während an einem strahlend hellen Sommertag im Freien 150 000 bis 200 000 Lux gemessen werden, sind es im Dezember oft nur 1500–2000 Lux, am Fenster sogar noch weniger. Trübe, wolkenverhangene Tage und die wenigen Stunden Tageslicht im Winter sind problematisch. Die Pflanzen kümmern, sind anfällig gegen Krankheiten und wachsen nur dann freudig, wenn sie mit Pflanzenleuchten zusätzliche Energie bekommen.

In den Wintermonaten Dezember, Januar, Februar bis Anfang März ist Zusatzbelichtung sinnvoll, etwa 10–12 Stunden am Tag. Ein breites Angebot an Pflanzenleuchten steht inzwischen zur Verfügung, auch mit einem speziell geeigneten Wachstumslicht im rotwelligen Bereich. Achten Sie auf schwitzwassergeschützte Ausführungen, wie es sie für Aquarien gibt.

Leuchtstofflampen (z.B. Osram-Fluora) in Doppelfassung und mit einem Schirm, der die Strahlung nach unten lenkt, werden in ca. 30 cm Höhe über den Pflanzen angebracht. 40–60 Watt/m^2 reichen normalerweise aus, um Sommerblumen- und Gemüseanzuchten nachhaltigen Auftrieb zu geben. Sie verhindern außerdem das Vergeilen (Langwerden) und das Heranwachsen zu weicher, schwächlicher Jungpflanzen. Während im Januar und Februar noch nachgeholfen werden muß, sind die Tage ab März bereits so lichtreich, daß alle Pflanzen freudig wachsen. Also nicht zu früh säen – denn die Natur holt Verzögerungen schnell auf! Insbesondere Tomaten und Paprika brauchen nicht länger als 7–8 Wochen Vorkultur bis zum Pflanztermin. Bei zu

Pflanzenleuchten fördern das Wachstum im lichtarmen Winter.

zeitiger Aussaat werden die Pflanzen lang und überständig, müssen zurückgeschnitten werden und haben dann erhebliche Mühe, wieder neu durchzustarten.

Jungpflanzen sollen gedrungen und kräftig sein. Entsprechendes Abhärten an frischer Luft oder mit weit geöffneten Fenstern gehört dazu.

Pralle Sonne aber kann zu Verbrennungen führen, zuviel Hitze zu Streß, beim dem die Pflänzchen welken. Ein heller, absonniger Platz oder eine leichte Schattierung mit aufgelegtem Zeitungspapier bekommen allen Jungpflanzen gut. Sehr gut bewährt haben sich luftiges, durchlässiges Vlies oder geschlitzte Folie.

Die meisten Samen keimen am besten, wenn man sie nicht mehr als 3–4mal so hoch mit Erde bedeckt als sie selbst dick sind. In der obersten Schicht ist die Erde sauerstoffreich – ein wichtiger Faktor bei den Stoff-wechselvorgängen, wenn Samen keimen und feine Wurzeln ausbilden. Fast alle Saaten keimen in der Dunkelheit (Dunkelkeimer), doch es gibt auch Ausnahmen, die man als Lichtkeimer bezeichnet. Zu ihnen gehören viele Kräuter wie Baldrian, Basilikum, Estragon, Kamille, Thymian, Ysop und einige Zierpflanzen wie zum Beispiel das Fleißige Lieschen *(Impatiens)*. Ihre feinen Samen werden nur angedrückt und angefeuchtet, aber entweder gar nicht oder nur wenige Millimeter hoch mit Substrat bedeckt. Man kann auch mit Zeitungspapier abdekken. Es verbreitet ein Dämmerlicht, das den keimenden Samen bekommt.

Viele Pflanzen steuern ihre Wachstumsphase (in der man sie vermehren kann) nach der Tageslänge. Chrysanthemen, Poinsettien (Weihnachtssterne) und Flammendes Käthchen *(Kalanchoë)* sind zum Beispiel typische Kurztagspflanzen, die im Herbst blühen und spätestens im Juni, mitten im Langtag, vermehrt werden müssen. Will man dagegen mitten in der Blütezeit Stecklinge entnehmen, muß den Pflanzen durch Belichtung ein langer Tag vorgegaukelt werden.

Vorkultur auf der Fensterbank

Nur wenige von unseren Kulturpflanzen stammen aus Mitteleuropa. Auch die meisten unserer Blumen sind über einen Jahrtausende währenden Austausch von China und Japan über Persien, Griechenland, Italien und letztlich durch die Spanier als Folge der Entdeckung Amerikas nach Europa gelangt. Viele von ihnen brauchen die Vorkultur unter frostfreien Bedingungen.

Die Fensterbank in einem sonnigen Zimmer, der Wintergarten oder die Veranda bieten günstige Bedingungen für die Anzucht, wenn auch oft zu wenig Platz. Doch darauf haben sich die Hersteller von »Zimmergewächshäusern« längst eingestellt. Es gibt auch Ausführungen, die auf schmale Fensterbänke passen und andere, die sich über einen Wasservorrat

Gut unter der Haube: Aussaaten im Zimmergewächshaus.

durch ein untergelegtes Vlies, das wie ein Docht wirkt, über längere Zeit mit Feuchtigkeit versorgen können.

Die Wärme der Heizkörper läßt sich nutzen für empfindliche Aussaaten, für Exoten und für Zimmer- und Kübelpflanzen. Eine untergelegte Styropor-platte schützt dabei vor Überhit-zung. Viele von diesen Pflanzen kann man für wenig Geld aus Samen selbst anziehen, zum Beispiel Engelstrompeten (*Datura*), Bananen, Palmen und sogar Fuchsien. Aber auch für Stecklinge von Balkonpflanzen wie z.B. Geranien und Fuchsien oder Kübelpflanzen wie Marge-riten, Citrusgewächse, Oleander und natürlich für Topfblumen bietet sich am hellen Fenster Gelegenheit. Fensterbänke aus Kunststein oder Marmor erwei-sen sich allerdings oft als wahre Kältebrücken. Ein Test mit einem danebengelegten Ther-mometer verschafft Klarheit. Nicht selten beträgt die Diffe-renz zur Raumluft mehr als 6–8 °C, das heißt, für die Pflanzen ist es viel zu kalt. In solchen Fällen wirkt eine isolierende Unterlage aus Schaumstoff oder Kork Wunder.

Anzuchten im Frühbeet

Frühbeete verlieren allmählich an Bedeutung. Folien und Vliese bieten nämlich ebenfalls ein günstiges Kleinklima, außerdem lassen sie Regen durch und es

Viel Platz für Anzuchten bietet ein Frühbeetkasten.

muß nicht gesondert gegossen werden. Dennoch erweist sich ein Frühbeet als nützlich: zur Anzucht von weniger empfindli-chen Sommerblumen und Gemüsen, die ab April oder im Mai gepflanzt werden können, als Anzuchtbeet für Zweijährige (zum Beispiel für Stiefmütter-chen), als geschützte Kultur-stätte im Sommer für Gurken, Melonen, Paprika und Aubergi-nen und im Winter als Einschlag für Lauch, Chicoree- und Löwenzahnwurzeln zur Treiberei oder als Platz für Aussaaten von Kaltkeimern wie Primeln, Veilchen, Kuhschellen oder Süß-dolde. Zur Stecklingsvermeh-rung von Gehölzen und Stau-den ist ein Frühbeet gut geeig-net. Auch für Veredelungen, die zum Anwachsen »gespannte Luft«, also hohe Luftfeuchte, gebrauchen. Steckhölzer, Riß-linge, Ausläufer, Triebstecklinge oder geteilte Pflanzen – sie alle bewurzeln hier in Töpfchen oder Kisten, eingefüttert in

feuchte Erde und bei Bedarf schattiert, vor allzu großer Gefahr des Austrocknens ge-schützt.

Das Frühbeet kann sich mit öldruckgesteuerten Lüftungen wie ein Gewächshaus bei Be-darf selbst öffnen oder schlie-ßen. Es gibt Konstruktionen aus pflegeleichtem Aluminium, Dop-pelstegplatten, Kunststoff oder Eternit. Bastler bauen Früh-beete selbst aus Holz, Beton-Platten oder Sicherheitsglas. Besonders praktisch sind vor-geformte Teile (z.B. aus Eternit), die Weg und Frühbeetrand zu-gleich darstellen. Standardmaße für die Frühbeetfenster sind 80 × 150 cm (sog. Holländer Fen-ster) oder 100 × 150 cm, ein Maß, das einen kräftigen Bedie-ner voraussetzt.

Im Gewächshaus ist immer etwas los

Ein Kleingewächshaus ist ideal für die Anzucht und Weiterkultur von Pflanzen nahezu jeder Art. Ob beheizt oder nicht, für die jeweiligen Ansprüche lassen sich immer passende Bedingungen herstellen. Wichtigstes Kriterium dafür, daß ein Gewächshaus auch nach Jahren noch Freude bereitet, ist sein Standort. Keinesfalls schattig, sondern möglichst sonnig sollte er sein, wenn es geht auch windgeschützt und nicht allzu weit entfernt vom Haus. Optimal ist die Ausrichtung mit der Breitseite nach Süden – so hat die Sonne ständig Gelegenheit, ihre wärmenden Strahlen den Pflanzen zugute kommen zu lassen. Passabel sind Ost- oder Westlagen, ungünstig dagegen Schattenlagen im Norden oder gar unter einem größeren Baum. Ein kleinerer Baum oder eine Kletterpflanze können dagegen willkommenen Teilschatten liefern. Die Hausform richtet sich nach Geschmack und Nutzen. Ein Pultdach wendet sich der Sonne entgegen. Mit steilerem Dachwinkel wird sogar ein Energiesparhaus daraus, das mit besonders wenig Heizung auskommt.

Auch ein Erdhaus spart viel Energie, verschwinden doch die Seitenwände ganz oder teilweise in der schützenden Erde. Für Gemüsekulturen bietet ein solches Haus zuwenig Licht, für Orchideen kann es ein ideales

Kleinklima abgeben. Immer mehr Gewächshäuser werden in Form von sechs- oder achteckigen Pavillons erstellt, mit gerade geneigten oder sogar romantisch geschwungenen Dächern. Pavillons können regelrechte Schmuckstücke abgeben, jedoch liegen ihre

Kosten im Verhältnis zum nutzbaren Raum hoch. Auch sollte der Hersteller ein preisgünstiges System mit anbieten können für Tische, Stellflächen, Hängeborde und eine funktionierende Dachlüftung.

Achten Sie darauf, daß die Türen sich nicht nach innen öff-

nen und eine vernünftige Breite besitzen, durch die eine Schubkarre ohne Probleme paßt. Generell sollten Sie folgende Punkte berücksichtigen:

● Aus welchem Material besteht die Konstruktion? So schön Holz auch als Naturbaustoff ist, bleibt es doch pflegeaufwendig, muß gestrichen und öfters gereinigt werden. Auch ist seine Haltbarkeit begrenzt.

Aluminium hat sich daher ganz allgemein durchgesetzt, wobei die Konstruktionen in vielen ansprechenden RAL-Farben lackiert werden können. Ob weiß, braun, grün, rot oder blau richtet sich dann nur noch nach dem Geschmack.

● Das Gewächshaus oder seine Inneneinrichtung darf keine scharfen Kanten besitzen, an denen man sich verletzen kann.

● Die Konstruktion darf keine Kältebrücken aufweisen, braucht also thermisch getrennte Profile mit entsprechender Isolierung. Nur wenn keinerlei Heizung geplant ist, bleibt dieser Faktor ohne Bedeutung.

● Zusatzeinrichtungen wie Hängeborde, Aufhängevorrichtungen, Schattierungen usw. sollten mit wenigen Handgriffen angebracht und abgebaut werden können.

● Die Scheiben sollen möglichst durchgehend sein und aus großflächigen Elementen bestehen. Überlappende kleine Glasscheiben, bei der in billigen Selbstbaukonstruktionen üblichen Schindelbauweise häufig, verschmutzen leicht und sind häufig nicht dicht.

● Ob die Dachhaut aus Glas, Kunststoffplatten oder Folien besteht, richtet sich nach den Kosten und Anforderungen. Generell gedeihen Pflanzen unter allen drei Baumaterialien.

Aussaaten, Kübelpflanzen, Anzuchten – alles drängt sich hier im Gewächshaus.

13

Folien, Vlies, Tunnel und Kulturschutznetz

Stecklinge besitzen zunächst noch keine Wurzeln. Nur in beschränktem Maße sind sie in der Lage, verdunstetes Wasser wieder zu ergänzen. Die Pflanzen reagieren daher sehr positiv auf alles, was ihren Streß abbaut, also eine hohe Luftfeuchtigkeit gewährleistet und die Verdunstung einschränkt. Neben häufigem Besprühen bringt eine Überbauung oder ein Abdecken mit transparenter Folie ein deutlich besseres Kleinklima. Eine solche »Klimakammer« ist selbst in einem Gewächshaus sinnvoll, schafft sie doch einen kleinen zusätzlichen Raum, in dem man ganz auf die Bedürfnisse der Pflanzen eingehen kann.

Im Freien fördern **Tunnelkonstruktionen** mit gelochter oder geschlitzter Folie über-

Unter dem Vlies herrschen günstige Wachstumsbedingungen.

Viel früher reifen Erdbeeren unter Folie heran.

spannt, das Anwachsen und die weitere Entwicklung der Jungpflanzen. Die entsprechenden Bausätze kann man kaufen. Wichtig: bei starker Sonneneinstrahlung muß man lüften. Wind ist ein Problem, denn ein Tunnel läßt sich kaum zuverlässig abdichten.

Sind nur einige wenige Pflanzen zu vermehren, dann leisten auch ein darüber gestülptes Marmeladenglas gute Dienste, ein Plastikbeutel mit ein paar Löchern zum Lüften oder eine Schrumpffolie aus der Küche.

Vliese sind federleichte, durchsichtige Gespinste, in der Regel weiß eingefärbt. Aus der Textilindustrie kommend, werden sie heute im Gartenbau in vielfältiger Weise eingesetzt. Vlies beschleunigt das Wachstum, schattiert zu einem gewissen Grade, erlaubt jedoch den nahezu ungehinderten Luftaustausch und die Verdunstung. Mit Vlies bespannte Tische, Aussaat- und Vermehrungsschalen oder Frühbeetkästen sind wertvoll, wenn es darum geht, Stauden, Gehölze, Koniferen, Aussaaten oder pikierte Pflanzen vor Wind und extremer Witterung zu schützen, vor allem, wenn sich bereits Wurzeln gebildet haben und es nur darum geht, das weitere Wachstum zu fördern.

Kulturschutznetze oder Insektenschutznetze bestehen aus feinmaschigem, stabilem, jahrelang haltbarem Kunststoffgewebe. Ihr Hauptzweck ist biologische Schädlingsbekämpfung: Zuverlässig verhindern sie, daß Läuse, Blattwanzen, Gemüsefliegen die Kulturen befallen oder anfliegende Kohlweißlingsfalter Gelegenheit erhalten, ihre Eier abzulegen, woraus dann wenig später nimmersatte Raupen schlüpfen. Ein zusätzlicher Vorteil: Ähnlich wie die Vliese bringen sie einen beachtlichen Windschutz mit sich und verbessern das Kleinklima. Man kann die Netze entweder auflegen und an den Seiten mit Häringen befestigen oder mit Erdbeuteln beschweren. Die elegantere Lösung ist jedoch, sie straff über tunnelartig gebogene Drähte zu spannen. Die Tunnels stehen dann über gefährdeten Pflanzen. Man kann auch gut Saatschalen mit gefährdeten Kulturen in Gefäßen darunter stellen und so zwei Fliegen mit einer Klappe schlagen. Kulturschutznetze haben sich bei vielen Kulturen bewährt. Sie schützen die Pflanzen perfekt und können bei entsprechender Pflege 4–5 Jahre lang halten. Man kann sie sogar waschen und von anhaftendem Schmutz befreien.

Sauberkeit ist lebenswichtig

Logisch – auch Pflanzen sind den Angriffen von Schädlingen und Pilzkrankheiten ausgesetzt, vor allem, wenn sie als Stecklinge geschwächt sind und neue Wurzeln bilden sollen.
Schon die Kultur der Mutterpflanzen braucht besondere

Sorgfalt. Man darf sie nicht stiefmütterlich behandeln, sondern hält sie in flottem Wuchs, versorgt sie mit genügend Licht und paßt auf, daß sich keine Schädlinge einnisten.
Ob unsere Pflanzen schnell und ohne Ausfälle bewurzeln, hängt ganz entscheidend von schnellem und sauberem Arbeiten ab. Pilze, Bakterien, Keime, Viren und Schädlinge machen sich vorwiegend über geschwächte Pflanzen her. Sorgen Sie dafür, daß sie keine Angriffsmöglichkeiten finden. Messer und Rasierklingen müssen möglichst steril sein. Wenn man sie vor dem Schneiden durch die Flamme einer Kerze zieht, erfordert dies kaum Arbeit, verhindert aber zuverlässig Infektionen.
Töpfe, Kistchen und Werkzeuge sollten aus Material sein (in der Regel Kunststoff), das man leicht reinigen und desinfizieren kann. Hierfür wurden früher oft

Giftfreie Anzucht: Zaun gegen Schnecken, Netz gegen Schädlinge.

Beizmittel verwendet, die fast alle ihre Zulassung verloren haben. Es bleiben jedoch Desinfektionsmittel aus dem Humanbereich, zum Beispiel das seit langem bewährte Chinosol, ein Gurgelmittel, das bei Erkältungen hilft. Die gelben Tabletten werden in Wasser aufgelöst. Wichtig ist auch ein sauberer Arbeitsplatz. Wenn es sich um wichtige Pflanzen handelt oder um ganze Arbeits-Serien, dann lohnt sich die Mühe, alles gründlich abzuschrubben und dafür auch Haushaltsdesinfektionsmittel einzusetzen. Auch neues, sauberes Substrat gehört zu den Selbstverständlichkeiten, schon gebrauchte Erden sind mit Sicherheit verseucht und gehören auf den Müll.

Die wichtigsten Krankheiten

Vermehrungspilze

Unter diesem Sammelbegriff werden eine ganze Reihe von Erregern wie z.B. Pythium debaryanum, Rhizoctonia solani, Thilavia basicola und andere zusammengefaßt, die bei unhygienischen oder schlechten Wachstumsbedingungen auftreten. Wenn sich die Pflanzen drängeln, zu wenig Licht genießen, zu feucht gehalten werden oder wenn die Triebe zu weich und nicht ausgereift waren, dann bilden sich Faulstellen mit weichem, braunem Gewebe. Stecklinge oder Aussaaten fallen reihenweise oder flächig um. Sobald der Schaden entdeckt ist, gilt es schnell zu handeln, denn der Befall geht weiter: Mit Desinfektionsmitteln übergießen und danach trocken und luftig halten.

Grauschimmel (Botrytis cinerea)

Grauschimmel befällt viele Pflanzen. Sobald Pflanzen geschwächt sind oder zu dicht und zu feucht stehen, tritt dieser Allerweltspilz auf und kann beträchtlichen Schaden mit faulenden Blättern und Trieben anrichten. Mehr Licht, trockenere Verhältnisse, Übergießen mit einem Fungizid oder Chinosol stoppen den Befall.

Viren

Bei vielen Zierpflanzen treten Viren auf, vor allem bei Geranien, Rosen, Chrysanthemen und Nelken. Sie äußern sich in verkrüppelten Blättern und Trieben, in krankhaft verfärbten hellen Streifen oder Flecken im Blattgewebe und in den Blüten. Das Wachstum bleibt schwach. Von solchen Pflanzen Stecklinge zu nehmen, ist sinnlos und gefährlich, weil durch Kontakte und Verletzungen die Krankheit weiter verbreitet wird. Solche Pflanzen gehören in die Mülltonne – keinesfalls auf den Kompost. Eine direkte Bekämpfung ist nicht möglich. Vielmehr greifen Gärtnereien in Labors mit der Gewebekultur auf ganz junges, noch nicht befallenes Wachstumsgewebe zurück, um gesunde Bestände aufzubauen.

Tierische Schädlinge

Mutterpflanzen, von denen Stecklinge genommen werden, müssen frei sein von Schädlingen und Krankheiten, die man besser vorher bekämpft. Aber auch später noch heißt es aufpassen und den Anfängen wehren.

Blattläuse können sich explosionsartig vermehren, die Blätter und Triebe verkrüppeln oder verkleben. Sie lassen sich mit Insektiziden und biologischen Präparaten leicht bekämpfen.

Schnecken sind eine Plage im Gewächshaus und im Freien. Häufig werden sie mit Pflanzen, Moos oder Erden eingeschleppt. Mit Appetit machen sie sich über Blätter, Wurzeln und Triebe her. Der Schaden kann beträchtlich sein. Man kann sie mit Ködern aus frisch ange-

schnittenen Kartoffelscheiben anlocken, die über Nacht ausgelegt und morgens kontrolliert werden.

Diese Methode funktioniert auch gut bei Kellerasseln, die von weichem pflanzlichen Material leben und gelegentlich an Wurzeln und frischen Schnittstellen Schäden anrichten.

Trauermücken legen in feuchter Erde 2–3 mm lange schwarz gefärbte Eier ab. Aus ihnen schlüpfen weiße Maden, die sich von faulenden Pflanzenteilen, zarten Wurzeln und Knollen ernähren. Bekämpfung: das Substrat mit nützlichen Nematoden der Gattung *Steinernema* übergießen.

Gegen **Weiße Fliege** (Mottenschildlaus) schützt man die Mut-

Resistente Züchtungen bekommen keinen Mehltau mehr.

Links: gesunder Salat. Rechts: Schäden durch Umfallkrankheit.

terpflanzen mit leimbestrichenen Gelbfallen.

Spinnmilben (Rote Spinne) können sich in der hohen Luftfeuchte des Vermehrungsbeetes nicht entwickeln. Ansonsten Raubmilben einsetzen.

Schildläuse werden durch befallene Mutterpflanzen übertragen. Durch Abstreifen bekommt man sie gut in den Griff. Die Mutterpflanzen werden mit ölhaltigen Mitteln (Promanal, Para-Sommeröl) gespritzt, die die Atemöffnungen der Schädlinge verkleben und sie damit abtöten.

Mit dem Samen fängt alles an

Die Pflanzen haben anderen Lebewesen gegenüber eines voraus: sie können sich sowohl geschlechtlich über Blüten, Bestäubung und Samen weitervermehren als auch ungeschlechtlich durch Stecklinge, Absenker, Knollen, Zwiebeln, Teilung und Wurzelschnittlinge. Mit attraktiven Blütenfarben, Düften und allerhand Tricks wie z.B. Kesselfallen locken die Pflanzen Insekten heran, die für sie den Blütenstaub auf andere Narben übertragen und damit für genetische Durchmischung des Erbgutes sorgen. Zuckermais, Gräser und Spinat bedienen sich wie Hasel und Eiche hierfür des Windes, die Wasserpest (Elodea) des Wasserstromes.

Erbsen, Bohnen, Tomaten, Auberginen erledigen diese Arbeit wie Wicken, Lupinen, Orangen und Feigen selber – sie sind Selbstbestäuber. Meistens befinden sich die männlichen Blütenorgane (Staubgefäße, Antheren) und die weiblichen (Narbe, Stigma) dicht beieinander in der selben Blüte (z.B. bei der Sonnenblume). Deutlich getrennt, aber auf derselben Pflanze, finden wir männliche und weibliche Blütenorgane bei Mais, Gurken, Melonen, Rizinus und Kürbissen. Daneben gibt es in geringer Anzahl einhäusige Pflanzenarten, entweder mit männlichen oder weiblichen Exemplaren,

Verschiedene Hülsenfrüchte.

z.B. bei Spinat, Oliven und Sanddorn.
Gelingt die Pollenübertragung, dann steigert sich meistens auch der Ertrag, ansonsten gibt

Schütteln Sie blühende Tomaten oder Auberginenpflanzen in der Mittagszeit, wenn die Luftfeuchte niedrig ist. So gelangt der Pollen rechtzeitig auf die Narbe, der Ertrag ist gesichert.

Samenfelder in Kalifornien.

es verkrüppelte Früchte wie bei Tomaten und Auberginen.
Aus befruchteten Zellen ensteht der Samen. Er ist ausgestattet mit den Erbinformationen (Genen) aus beiden Elternteilen für Wuchs, Blütenfarbe, Fruchtform und – größe, Aroma, Ertragsleistung, Widerstandsfähigkeit gegen Krankheiten usw. Für einen erfolgreichen Pflanzenstart verfügt der Samen über Energie in Form von Kohlehydraten (Traubenzucker, Stärke), Fetten, Vitaminen und Spurenelementen. Das versetzt ihn in die Lage, erfolgreich zu keimen und die erste Zeit zu überstehen, bis die Wurzeln das erste Wasser und mit ihm darin gelöste Nährstoffe heranschaffen und die Blätter mit Hilfe des Kohlenstoffes die Produktion von Pflanzenmasse aufnehmen. Enzyme starten bei der Quellung, bei Zutritt von Wärme, Licht und Luft die Umwandlung von eingelagerter Stärke in Traubenzucker, der dem Keim-

ling dann als Energielieferant zur Verfügung steht.
Auch äußerlich wird dies sichtbar, wenn die Samenschale platzt, der Vegetationskegel mit den Keimblättern erscheint und sich gleichzeitig die Wurzelanlage entwickelt. Nur ein Keimblatt bringt die große Gruppe der Gräser hervor, zu denen auch der Mais zählt (Einkeimblättrige oder Monocotyledonen). Die Mehrzahl der anderen Pflanzenarten besitzt zwei Keimblätter (Zweikeimblättrige oder Dicotyledonen). Sobald nach den Keimblättern die ersten richtigen Blätter erscheinen, ist der Keimvorgang beendet.

Ein wenig Vererbungslehre

Darwin hat uns gelehrt, daß in der Natur eine ständige Auslese erfolgt. Nur die am besten angepaßten Individuen überleben.

Bis der böhmische Abt Gregor Mendel (1822–1884) die Gesetzmäßigkeit der Vererbung entdeckte, ahnten die Menschen zwar, daß auch die Pflanzen sich geschlechtlich vermehren, aber Kreuzungen und Züchtungsergebnisse blieben Zufallstreffer, weil der Code der Natur nicht bekannt war.
Mendel experimentierte an Erbsen und Wunderblumen (*Mirabilis jalapa*), die deshalb auch Mendelblumen heißen. Kreuzt man eine weißblühende Pflanze mit einer roten, so zeigen zunächst alle Nachkommen reinerbiger Eltern rosafarbene Blüten. Ähnlich kann es sich mit anderen Eigenschaften verhalten. Eine solche direkte Nachkommenschaft nach erfolgter Kreuzung wird heute allgemein als F1-Hybride (von lateinisch filia = Tochter) bezeichnet. In

19

der Regel übertreffen diese Pflanzen die Eltern in Wuchsleistung, Blühwilligkeit, Zahl der Blüten und Früchte, Qualität und Widerstandsfähigkeit gegen Krankheiten.

Die Eltern dieser F1-Hybriden wurden in jahrelanger Inzucht in ihren Eigenschaften verfestigt, auf gute Eignung als Partner getestet. Existieren erst solche »Linien« mit bekannten Eigenschaften, kann der Züchter wie im Baukastensystem neue Kombinationen vornehmen, zum Beispiel die Resistenzeigenschaften wilder Pflanzen mit hochwertigen Kultursorten kombinieren und damit Spritzungen überflüssig machen.

Zieht man von F1-Hybriden wieder Saatgut, spaltet die Nachkommenschaft auf, d.h. sie haben verschiedene Eigenschaften und das vorherige Ergebnis der F1-Hybriden wird nicht wieder erreicht. Es ist daher sinnlos, von F1-Hybriden selbst Saatgut zu ziehen.

Wer selber züchten will, muß – wie bislang alle Züchter – nach dem 2. Mendelschen Gesetz nach der erfolgten Kreuzung die F1-Hybride weiter verfolgen. In den nächsten Generationen erfolgt eine Aufspaltung in bestimmten Zahlenverhältnissen. Die Kunst ist nun, die gewollte Kombination unter den vielen nicht gewünschten Aufspaltungen zu erkennen, diese über mehrere Jahre weiterzuverfolgen – solange, bis sich eine einheitliche Sorte ergibt, die man über Saatgut »samenfest« vermehren kann. Diese

Moderne Sorten wachsen kompakt.

Prozedur kann 10–20 Jahre dauern, je nachdem, ob es sich um eine Pflanze handelt, die im ersten Jahr schon Blüte, Frucht und Samen entwickelt oder – wie bei der Möhre – erst nach einer Überwinterung.

Viele Erbeigenschaften werden jedoch nicht nach diesem einfachen Schema weitergegeben. Oft erweisen sich die Eigenschaften des väterlichen oder mütterlichen Partners als dominant und überdecken zunächst die zu erwartenden Eigenschaften.

Bei vielen Zierpflanzen und Gehölzen warten professionelle und Hobbyzüchter (von denen es eine ganze Menge gibt) die stabile Ausformung der Eigenschaften nicht ab. Sie freuen sich über eine gelungene Kreuzung und vermehren sie durch

Teilung, Stecklinge, Ableger, Zwiebeln oder Knollen. Moderne Vermehrungen sind ins Labor verlagert. Dort entstehen aus kleinsten Zellhäufchen aus dem Wachstumsgewebe (Meristem), aus jeweils geeigneten Pflanzenteilen (Triebspitze, Wurzel, Knospe, Anthere oder Narbe) in Gewebekultur eine Vielzahl von neuen Pflanzen. Da sie »geklont« sind, gleichen sie sich in allen ihren Eigenschaften.

Solche Verfahren machen es möglich, daß wir heute die schönsten, schwierigsten Orchideenzüchtungen preisgünstig und schnell vermehren können, Erdbeeren in besonders guter Qualität erhältlich sind und Gehölze preiswert auf den Markt gelangen.

Selber züchten

Daß Pflanzenliebhaber selbst versuchen, interessante Kombinationen zu vollziehen um bessere Farben, Formen, Eigenschaften zu erreichen, ist weder ungewöhnlich, noch verboten, noch besonders schwierig. Zahlreiche gute Züchtungen sind auf die Überlegungen und das Gespür von Einzelnen zurückzuführen. In Liebhabergesellschaften (es gibt sie für Rosen, Lilien, Stauden, Kakteen, Orchideen, Fuchsien usw.) erfährt der Interessierte mehr über die bevorzugte Pflanzenart und erhält Verbindungen, zum Tauschen oder eventuell sogar zum Verkauf einer erfolgreichen Neuheit. Man braucht dazu nur einen Pinsel oder eine Pinzette, um den Pollen zu übertragen, gute Kreuzungspartner und das nötige Wissen. Allerdings sind Kreuzungen in der Regel nur innerhalb einer Art möglich, Ausnahmen, wie zwischen bestimmten Kohlarten, sind von Natur aus ungewöhnlich.

Samen selbst ernten

Früher war es allgemein üblich, im eigenen Garten Samen für die nächste Aussaat zu ernten. Auch heute finden sich wieder mehr Liebhaber, die Spaß haben an Ringelblumensamen, Dill oder Bartnelken. Manche Pflanzenart sorgt ungewollt selbst für Nachschub und streut ihren Samen aus. Nicht immer ist dies von Vorteil: Stiefmütterchen aus stehengelassenen Pflanzen schlagen bald in unschöne Mischfarben zurück, die

Blütengröße verringert sich zusehends; Bohnensamen aus eigener Ernte kann zwar keimen, trägt jedoch samenübertragbare Krankheiten wie Brennflecken mit sich. Im nächsten Jahr hat man dann keine Chance, den Ausbruch der Krankheit zu verhindern. Samenzüchter schalten solche Risiken durch strenge Züchtung aus. Der Bohnensamen wächst in Afrika heran, wo der Wechsel zwischen Regenzeit in der Wachstumsphase und Trockenzeit bei der Reife auf natürliche Weise den Krankheitszyklus unterbricht. Es hat also seine Vorteile, Saatgut immer wieder neu zu kaufen, zumal die Nachzucht von F1-Hybriden ohnehin zum Scheitern verurteilt ist und bei vielen Arten, die auf Insektenbesuch angewiesen sind, ungewollte Kreuzungen aus der Nachbarschaft vorkommen. Kohl, Möhren, Mangold oder Petersilie lohnen als zweijährige Gemüse kaum die Arbeit. Und Kresse, Spinat und Kopfsalat sind wie viele Blumensämereien

so billig, daß man schon viel Interesse mitbringen muß, um sich mit der Samenzucht zu beschäftigen. Hierzu ein Rat: Lassen Sie den Samen an der Pflanze ausreifen. Den Samen erntet man dann an einem trockenen, sonnigen Tag von ausgereiften, abgetrockneten Hülsen oder Dolden, die durch die dunkelbraune Farbe der Samen schon anzeigen, daß sie reif sind. Blütenstände, die sich dem Himmel entgegenrecken, muß man als Schutz vor Regen eventuell mit einer Plane überdecken. Saftige Früchte wie Tomaten, Gurken, Melonen läßt man in einem Gefäß mit Wasser so lange gären, bis sich der Samen herauslöst und mit einem Sieb herausgewaschen werden kann. Gegen die Geruchsbildung hilft Steinmehl. Die Nachreife erfolgt in einer luftigen Horde, Kiste, in einem Sack aufgehängt oder gebündelt an einem trockenen Standort, geschützt vor Regen, Nebel und feuchter Luft, bis im Spätherbst oder Winter Zeit ist für die weitere Aufbereitung. Der Samen muß aus der Kapsel, Hülse oder aus dem Blütenstand gelöst werden. Einfaches Reiben zwischen den Handflächen oder Dreschen mit einem Knüppel reicht meistens schon. Zum Trennen von Spreu und Samen nimmt man ein feines, passendes Sieb.

Ein Haushaltssieb trennt Spreu und Weizen.

21

Saatgutqualitäten und eigene Keim-Tests

Saatgut, insbesondere von Gemüse und Arten, die in der Landwirtschaft von Bedeutung sind, unterliegen einer strengen staatlichen Kontrolle. Sie erfaßt mit Stichproben und Nachkontrollen, daß die vorgeschriebenen Mindestkeimfähigkeit als auch die Sortenechtheit gewährleistet ist. Der Käufer erhält durch EU-weite Regelungen Gewißheit, daß keine ungeprüften Sorten in den Handel gelangen und daß deren Eigenschaften gleich bleiben. Hinweise auf den Inhalt (zum Beispiel die Zahl der zu erwartenden Pflanzen) sind für den Gartenbesitzer sehr wertvoll, aber nicht vorgeschrieben. Ebenso ein Haltbarkeitsdatum, bis zu dem die Keimfähigkeit garantiert wird. Das Jahr der Abfüllung kann nur der Fachmann auf der Tüte entschlüsseln. Es

ist ohnehin kaum von Bedeutung, handelt es sich doch bei Samen um ein Naturprodukt, das sich je nach Art und Sorte sowie Anbaujahr unterschiedlich verhalten kann. Feldsalat, Gurken und Spinat können anfangs schlechter keimen als nach einem Jahr. Umgekehrt verlieren Schnittlauch, Astern und Petersilie schnell an Keimfähigkeit.

Deshalb haben gute Samenfirmen ihre Ware in hermetisch versiegelten Keimschutzpackungen verpackt, die vorzeitiges Altern durch hohe Luftfeuchte ausschließen. Nach dem Öffnen ist auch dieser Samen wie gewöhnlich zu verbrauchen, im allgemeinen innerhalb von 1–2 Jahren.

Im Haushalt lagern übrig gebliebene Samen in einem verschraubbaren Glas. Wichtig: beim und vor dem Hineinstecken der Tüten auf trockene Luft achten. Hohe Luftfeuchte läßt den Samen bald verderben.

Wichtig ist ein Keimtest im Winter, rechtzeitig vor dem Kauf neuer Saat. Er stellt klar, welche Tüten ausgemustert werden müssen.

Im Labor werden die Verhältnisse im Freien nachgeahmt, mit Wechseltemperaturen von tags über 30°C und nachts 20°C (sie sind für 90% aller Arten günstig). In Keimtischen oder -schränken liegt der Samen auf angefeuchtetem Vliespapier, auf Tabletts, in Petrischalen oder – wie Hülsenfrüchte – in Sand. Während im allgemeinen die optimalen Werte ermittelt werden (im Freien setzen den Keimlingen auch Schädlinge, Wind und ungünstige Temperaturen zu), geben Tests in Erde Aufschluß über ihr Verhalten unter Streß. Saatgut wird mindestens dreimal geprüft, bevor es in den Handel gelangt und besitzt daher üblicherweise eine hohe Qualität. Dies ergibt sich schon aus der Saatgutproduktion, die kaum im regenreichen Deutschland, sondern im sonnigen Kalifornien, in Australien, im wintermilden Italien, in Südfrankreich oder – wie die Bohnen – in Tansania durchgeführt wird. Am weitesten reisen Erbsen, die oft zwar in Deutschland gezüchtet, aber in Neuseeland auf großen Feldern produziert (vermehrt) werden.

Samen kann man selber testen.

Zu naß, zu trocken, zu dunkel, zu warm – damit die Anzucht gelingt, vor allem die Beschreibung auf der Packung lesen.

Keim-Test

Ähnlich wie im Labor gibt es auch einfache Methoden, die man zu Hause praktizieren kann. Sehr gut funktioniert bei feinem Gemüse- und Blumensamen die Methode mit Papier. Nehmen Sie einen tiefen Teller und gewöhnliches Löschpapier, Vlies oder Papiertaschentücher. Feuchten Sie es an, ohne daß Wasser darin stehen bleibt. Nun zählt man eine gut rechenbare

Zahl, z.B. 50 oder 100 Samen ab, überzieht den besäten Teller mit einer Frischhaltefolie oder steckt ihn in einen Plastikbeutel. An einem hellen, aber nicht sonnigen Platz mit einer für die Samenart optimalen Temperatur kann man schon nach wenigen Tagen das Ergebnis auszählen.

Liegt der Test über 75 %, läßt sich der Samen noch verwenden. Bei über 50 % wird dichter ausgesät. Liegt das Ergebnis darunter, kauft man besser neuen Samen. Ausnahmen bilden die Kräuter, die ohnehin oft schwächer keimen.

Bohnen- und Erbsensamen sind besonders lufthungrig. Im Freien vertragen sie zu tiefe Saat, stauende Nässe und Ver-

dunstungskälte nicht. Auch beim Keimtest hat sich ein relativ luftiges Medium bewährt: Sand. Füllen Sie einen tiefen Teller damit und feuchten Sie ihn etwas an. Erdfeucht ist gerade richtig – nicht verschlämmen! Drücken Sie jetzt die Samen hinein und decken Sie einen zweiten Teller als Abschluß darüber. Bei 18–20 °C wird das Ergebnis schon nach einer Woche sichtbar.

Sehr bewährt hat sich bei hartschaligen Samen wie Palmen, Kaffeebohnen oder Bananen das Vorquellen in lauwarmem Wasser für einen Tag. Danach wird wie gewöhnlich gesät. Auch Samen, der lange im Boden liegt wie Möhren, Petersilie und Spinat, keimt erheblich schneller, wenn er einen Tag lang vorgequollen und dann gesät wird. Das Verfahren ist einfach: den Samen in einen Leinenbeutel geben, anfeuchten, später sofort aussäen. Im Sommer kann man mit dieser Methode auch Salat zu besseren Keimergebnissen verhelfen, der bei großer Hitze über 18°C Gefahr läuft, schlecht zu keimen. Man gibt den angefeuchteten Samen in einen Leinenbeutel, verstaut ihn im Kühlschrank und sät am nächsten Abend sofort aus.

Das Beizen des Saatgutes bewirkt, daß anhaftende Pilze abgetötet werden. Saatgut ist generell unbehandelt, also naturbelassen. Abweichungen müssen deklariert werden, jedoch sind kaum noch Mittel zugelassen.

Es bieten sich Samenbäder auf biologischer Basis an mit Mischungen, die es im Handel gibt oder mit Kamille (für Kohlarten, Rettich, Bohnen, Erbsen und Radieschen), mit Eichenrinde (für Salate und Bohnen), Baldrian (für Möhren, Chicoree, Tomaten, Gurkengewächse, Paprika und Zwiebelgewächse) und Wasserglas (bei Sellerie). Diese Mittel gibt es in der Apotheke oder im Bioladen. Man hängt die Samen in einem Beutel für 15–30 Minuten in einen entsprechenden Aufguß und sät danach aus.

Gegen beißende, stechende und fressende Insekten hilft am besten das Abdecken mit einem dichtmaschigen Kulturschutznetz.

Die Anzucht im Haus

Über die Vorteile einer Vorkultur, über Gefäße und Substrate wurde bereits gesprochen. Wenn genügend Platz an der Fensterbank oder im Gewächshaus zur Verfügung steht, gibt es nichts einfacheres, als jeweils 1–2 Samen direkt in Topfplatten zu säen. Man füllt die Gefäße mit Substrat, drückt den Samen einige Millimeter tief ein und deckt mit etwas Erde ab. Später werden dann die überzähligen Keime entfernt. In den runden oder eckigen vorgeprägten Töpfchen wachsen die Pflanzen ohne Störung bis zum Auspflanzen heran. Eventuell muß nach 3–4 Wochen nachgedüngt werden.

Reicht der Platz nicht, dann ist die Anzucht mit etwas mehr Umständen verbunden. Man sät zunächst in Schalen aus und versetzt (pikiert) die gekeimten Sämlinge kurz nach dem Aufgang, spätestens wenn sie beginnen, sich den Platz streitig zu machen.

Füllen Sie das Gefäß mit einer keimfreien, durchlässigen Aussaaterde bis zum Rand. Danach kurz aufstoßen, wobei sich die Erde etwas setzt und mit dem Daumen rundum an den Rändern etwas andrücken. Zum Schluß liegt das Substrat gleichmäßig eben. Nun wird gesät, wobei der Samen gleichmäßig und mit genügend Abstand (ca. 5 mm nach allen Seiten) verteilt werden sollte. Größere Samen brauchen etwas mehr Abstand.

Feine Samen schüttelt man mit lockerem Schwung vorsichtig aus der Tüte, so daß nicht alle an einer Stelle liegen. Man kann auch mit dem Zeigefinger ganz leicht an die Samentüte klopfen und so die Samen fein verteilt herausfallen lassen.

Nach der Aussaat mit einem Brettchen oder dem flachen Handteller alles leicht andrükken. Nur Dunkelkeimer erhalten noch eine darüber gesiebte Abdeckung mit 0,5–1 cm Sand oder feinem Substrat. Dann mit einer feinen Brause gründlich angießen, bis alles durchfeuchtet ist. Der Samen erhält dabei auch Anschluß an das Substrat und beginnt zu quellen. Nicht vergessen: Jede Samenpartie braucht ein Etikett mit der Sortenangabe und eventuell dem Aussaattag. Nun wird die Saat-

Aussaat am Fensterbrett: dünn verteilt säen, dann gut andrücken und mit Substrat abdecken.

zu zart – aber nur mit gedrungenen Pflanzen arbeitet es sich leicht beim Pikieren.

Diese Maßnahme verschafft den Jungpflanzen den nötigen Platz für die weitere Entwicklung. Kistchen, Töpfe oder Topfplatten werden mit leicht gedüngter Anzucht-Erde (TKS 2, Einheitserde VM) gefüllt. Zum Herauslösen der Pflanzen gibt es im Fachgeschäft speziell geformte Pikierstäbe aus Kunststoff. Man faßt die Sämlinge an den Keimblättern und löst sie mit Hilfe des Stabes vorsichtig heraus, ohne die Wurzeln zu beschädigen.

Als nächstes wird ein genügend großes kegelförmiges Loch in das vorbereitete Substrat gestochen, in das die Sämlinge mit ihrem Wurzelsystem senkrecht hineingesetzt werden. Die Wurzeln sollen nicht gekrümmt sein. Lange Wurzeln werden etwas eingekürzt, was sie zur Bildung vieler Seitenwurzeln veranlaßt – ein Ballen entsteht. Anschließend sollen die Pflänzchen 1–2 cm mit den Keimblättern über der Erde stehen. Zu tief gesetzte können verfaulen, zu hoch pikierte fallen leicht um. Durch Einstechen mit dem Pikierholz rechts und links und durch Heranziehen von etwas Substrat erhalten die Pflänzchen neuen Halt. Danach werden sie mit feiner Brause gründlich angegossen und an einem hellen, luftfeuchten Platz aufgestellt. Petunien, Begonien oder *Impatiens* müssen eventuell nochmals umgesetzt oder in Töpfchen verbracht werden.

nen, Paprika und Tropengewächse wichtig) – notfalls sogar in die Nähe der Heizung. Gleichmäßige Feuchtigkeit und die richtige Temperatur sind wichtig. Schon ein kurzes Trokkenwerden reicht aus, um empfindliche Sämereien zu schädigen.

Sofort nach dem Keimen allerdings sollten Sie die Folie entfernen, sonst setzt bald Fäulnis ein! Auch Zimmergewächshäuser brauchen ab jetzt regelmäßige Lüftung.

Es dauert nur wenige Tage, dann entwickeln die zarten Pflänzchen ein kräftiges Wachstum. Sie drängeln sich und »vergeilen« leicht. Salat, Kohlrabi und viele Blumen wollen nach dem Aufgang 4–5° C kühler stehen und hell. Die Pflänzchen geraten sonst leicht zu lang und

schale oder -kiste mit einer transparenten Folie überzogen oder verschwindet in einem Plastikbeutel. Bis zum Aufgang bleiben die Saaten so vor dem Austrocknen geschützt. Man kann sie in dieser Zeit dorthin bringen, wo sie die passenden Keimtemperaturen finden (dies ist besonders für Gurken, Melo-

25

In Lehmboden wird auf Dämme gesät. Die Rillen deckt man mit lockerem Kompost ab.

Die Aussaat im Freien

Bohnen, Erbsen, Spinat, Möhren und Kräuter sowie viele schnell-wachsende Blumensamen von Wicken, Bechermalven, Ringel-blumen oder Schmuckkörbchen (Cosmeen) können ohne viele Umstände ab Ende März direkt in flache Saatrillen gesät wer-den.
Ob Aufgang und späteres Wachstum wunschgemäß ver-laufen, hängt ganz entscheidend von der richtigen Saatbeetvor-

bereitung ab. Im Frühjahr wird grundsätzlich nicht mehr gegra-ben, denn der Boden muß ab-gesetzt sein – dann bildet sich ein System von senkrechten Röhrchen im Krümelgefüge des Bodens aus, Kapillaren genannt, in dem ständig Feuchte aus dem Boden nach oben steigt, angesogen durch das Verdamp-fen an der Oberfläche.
Durch Hacken, Krümeln oder andere Arten der Bodenbear-beitung wird dieser Strom unterbrochen – er trocknet kaum noch aus. Damit die Samen von dieser »Wasserlei-tung des Bodens« profitieren können, darf die Oberfläche nur ganz flach mit einem Grubber, Kultivator oder Krail gelockert werden. Im Idealfalle entspricht dies der Tiefe der Saatrille, also

2–3 cm, bei Erbsen und Boh-nen 3–5 cm. Tiefere Bearbei-tung ist riskant, denn die Samen kommen dann in eine lockere Schicht zu liegen ohne Anschluß an die Bodenfeuchte. Alles hängt dann vom durch-dringenden regelmäßigen Gie-ßen ab oder vom Regen.
Für Saatbänder und Pillensa-men ist dies besonders wichtig, denn ihre Samen brauchen ständig gleichmäßige Feuchte, hat man hier doch bewußt die Anzahl der Samen noch verrin-gert.
Der Boden wird also mit einem Rechen feinkrümelig hergerich-tet, wobei auch eine 3–5 cm dicke Schicht von Reifekompost oder geringe Mengen von Dün-ger als Vorrat eingearbeitet werden können. Dies vor allem, wenn er längere Zeit für die Umsetzung benötigt (organi-scher Dünger) oder seine Nähr-stoffe erst allmählich frei gibt (Depotdünger). Grundsätzlich ist der Nährstoffbedarf aller Aus-saaten zunächst sehr gering. Er nimmt erst zu, wenn sich grö-ßere Blätter gebildet haben. Wege werden mit einer Schnur abgeteilt und mit einer daran entlang geführten Hacke oder dem Harkenstiel markiert, an-schließend mit den Schuhen oder Stiefeln angetreten. Bei lehmigen Böden, die zum Ver-dichten neigen, sind aufgelegte Roste aus Holz empfehlenswert. Damit bleiben auch die Schuhe sauber.
Eine Beetbreite von 100 cm mit 25 cm Abstand zwischen den Reihen ist günstig für kleinere,

von 120 cm dagegen für größere Personen. Mit dem Reihenzieher lassen sich die gewünschten Abstände leicht einstellen: 25 cm für Salate, Möhren, Rettiche, 40–50 cm für Kohl, 10–15 cm für Radieschen, Kresse und Schnittsalat sind üblich.

Mit einer entsprechend tief gezogenen Rille läßt sich die gewünschte Saattiefe von 3 bis 5 cm erreichen. Für manche Samen kann dies bereits zu tief sein, besonders wenn die Krü-

melstruktur mit entsprechendem Humusanteil nicht ausreichend entwickelt ist. Dann verschlämmt der Boden bei Nässe, der Sauerstoff wird aus den Poren gedrückt, der Samen fault. Mit der Höhe der bedeckenden Erd- oder Reifekompostschicht hat man es in der Hand, ausgleichend zu wirken.

Einige optimale Bedeckungshöhen für Aussaaten: Feldsalat 0,5-1 cm, Spinat 1,5-3 cm, Erbsen 2-5 cm, Bohnen 2-4 cm, Gurken 3-4 cm, Möhren 1-2 cm, Radieschen 0,5-1 cm.

Gesät wird, sobald der Boden genügend abgetrocknet ist, krümelt und nicht mehr schmiert. Eine Bodenprobe, die zwischen den Fingern bröselt, ergibt Gewißheit.

Mit einiger Übung läßt sich der Samen in gleichmäßigem und dünnem Abstand in die Rille ausbringen. Wenn man die Samentüte unter Spannung hält, also leicht durchbiegt und mit dem Zeigefinger leicht dagegen klopft, fällt der Samen in sehr geringer Zahl und nach und nach heraus. Je dünner verteilt, desto besser, denn dann können sich die Sämlinge lange Zeit ohne Konkurrenz durch drängende Nachbarn entwickeln.

Nützlich: ein Reihenzieher.

Saathilfen und Saatschutz

Ein gleichmäßiger und einzelner Stand ist auch der Sinn von **Saathilfen wie Pillensamen** (jeweils ein Korn ist von einer runden Hülle aus Ton- und Algenmehl umgeben) und von **Saatbändern** (der Samen ist hier in weitem Abstand in ein Papierband abgelegt), die das Vereinzeln weitgehend ersparen. Es gibt auch vorgefertigte Mischkulturen in Saatbändern, zum Beispiel Eissalat mit Rettich, Möhren mit Radies, Kräutermischungen. **Quicksticks** sind zündholzähnliche Samenträger aus festem Karton, die das Säen von feinen Samen im Freien, vor allem aber in Töpfchen erleichtern. Die richtige Saattiefe ist jeweils markiert. Auch **Samenteppiche** haben den Zweck, mit vorgefertigten Abständen und Mischkulturen

Möhren müssen vereinzelt werden.

Jeder Pillensamen enthält ein Korn.

die Ablage der mitunter sehr feinen Samen zu erleichtern. Der Samen sollte immer am tiefsten Punkt der Rille auf der festen wasserführenden Schicht des Bodens und nicht in der lockeren Krume liegen. Durch das Andrücken mit der Rückseite der Harke erhält er Anschluß an die Bodenfeuchtigkeit. Bei Saatbändern und Pillen hat es sich bewährt, jetzt schon in der noch offenen Rille anzugießen, wobei sich der Samen eng an den Boden anschmiegt. Erst danach zieht die Harke eine je nach Samenart 1–3 cm dicke Schicht lockerer Erdkrume darüber. Gründliches Angießen mit einer feinen Brause nicht vergessen!

Neigt der Boden zum Verschlämmen oder ist er sehr tonig, dann wird die Saatrille auf einen mit der Harke angehäuften kleinen Damm verlegt und mit reifem, humosem Kompost, Aussaaterde oder Rindenkompost abgedeckt.

Wer Probleme mit dem Aussäen von feinem Saatgut hat, kann Möhren, Petersilie, Clarkien oder Bechermalven und andere Blumensamen mit Sägespänen oder gröberem Sand mischen und es damit strecken. Für Blumenwiesen oder Rasensaatgut wird gerne Vermiculit als »Saathelfer« genommen, ein helles, leichtes, natürliches Mineral. Der Vorteil: Man sieht

Im Saatband stimmt der Abstand.

recht gut, wo der Samen hingefallen ist und wie dicht. Zu dicht gefallenes Saatgut keimt in Büscheln und muß, sobald die Pflänzchen gut faßbar sind, unbedingt vereinzelt (verzogen) werden, sonst kann man von keinem der Sämlinge ein gutes Ergebnis erwarten. Möhren brauchen 3–6 cm Abstand, Radieschen 5–8 cm, Kohl je nach Sorte 40–60 cm. Weil Möhren, Petersilie, Pastinaken, Schwarzwurzeln oder Kräuter oft mehrere Wochen bis zum Aufgang brauchen, sind die Reihen kaum zu sehen, können nicht gehackt oder von Wildkräutern befreit werden. Mischt man dagegen einige Körner Radies oder Schnittsalat als **Markiersaat** dazwischen (Steckzwiebeln tun es auch), sind sie schnell zu erkennen. Außerdem freut man sich zeitig über erste Ernten.

Das sorgfältige Gießen beim Pflanzenstart ist ganz wichtig. Nach dem Schließen der Saatrillen wird nochmals mit einer feinen Brause angegossen, auf leichten sandigen Böden mehr, auf zum Verschlämmen neigenden Böden vorsichtiger. Es darf keine Kruste entstehen, die das Durchbrechen der Samen an die Oberfläche behindert. Not-

falls wird mit einer Kralle gelockert. Selbstverständlich darf ein Saatbeet nie austrocknen, sondern muß bis zum Verpflanzen immer gut feucht gehalten werden. Oft ist das nicht ganz einfach, denn bei warmen Temperaturen trocknet die Oberfläche leicht aus. Daher vor allem abends gießen, wenn das Naß gut einziehen kann, nicht in der Mittagshitze. Und immer gründlich, reichlich und tief genug eindringend, lieber weniger und öfter, dafür aber lange genug. Ein Regner soll mehrere Stunden lang auf der Fläche stehen. Ideal sind 15–20 mm oder 15–20 l/m^2 und Gabe. Gelegentliche Kontrollen lassen die Wirksamkeit der eigenen Arbeit erkennen. Immer nur Überplät-

schern bringt eher Schaden, denn tiefer gehende Wurzeln sterben leicht ab.

Geschlitzte oder gelochte Folien und Vlies halten die Feuchtigkeit lange und verhindern das Austrocknen für längere Zeit. Sie schützen die Saat auch vor Tauben und anderen Vögeln, die sich gerne über die keimenden Samen hermachen und – einmal daran gewöhnt – auch später mit Verbiß den Pflanzen treu bleiben. Gegen Vögel helfen Maschendraht, Netze sowie kreuz und quer gespannte Drähte.

Fruchtwechsel, Mischkulturen und und Folgekulturen

Jedes Jahr neu stellt sich die Frage: Was soll auf dem knappen Platz im Garten wachsen, wo gedeihen Gemüse und Blumen am besten, wie vermeidet man Schäden durch einseitige Ausnutzung des Bodens (Bodenmüdigkeit durch zu wenig Fruchtwechsel) und wie läßt es sich verhindern, daß im Laufe des Jahres Beete leer stehen (Folgekulturen)?

Jeder Gartenbesitzer braucht ein einfaches Schema wie z.B. ein Modell, das einmal erstellt und dann nur jährlich abgewandelt wird. Es zieht mit einer gedachten Kulturfolge, dem Pflanzplan innerhalb eines Jahres, in einem 4jährigen **Fruchtwechsel** von Beet zu Beet. Noch besser wäre ein 6jähriger Rhythmus, doch der läßt sich nur in größeren Gärten praktizieren.

An der auf dem Lande bisweilen noch praktizierten Mistdüngung orientieren sich Fruchtwechsel-/Fruchtfolgemodelle nach dem Nährstoffentzug der Pflanzen. Auf Hügelbeeten und Hochbeeten, die durch die Umsetzung organischen Materials laufend Nährstoffe freisetzen, ist dieses Prinzip von Bedeutung, auf flachen Beeten, die alljährlich mit Kompost mäßig aber regelmäßig gedüngt werden, weniger.

Auf Starkzehrer wie Kohl, Porree und Tomaten folgen im zweiten Jahr Gemüse mit mittlerem Bedarf wie Möhren, Mangold, Rettich und Kopfsalat. Im dritten Jahr sind die Nährstoffe schon weitgehend verbraucht, reichen aber noch für Schnittsalat, Radieschen, Kresse und Pflanzen, die den Stickstoffgehalt wieder aufbessern, also Bohnen, Erbsen und Gründüngung.

Schäden, die sich durch immer die gleichen Wirtspflanzen z.B. durch Bodenälchen (Nematoden) oder Erreger der Welkekrankheiten bei Blumen anhäufen, werden durch konsequenten Fruchtwechsel, der auch auf die Pflanzenfamilien Rücksicht nimmt, weitgehend vermieden. Pflanzen entziehen dem Boden auch einseitig Nährstoffe und häufen selbst produzierte Ausscheidungen an, die ihnen bald den Aufenthalt verleiden. Nur wenige Gemüse wie z.B. Tomaten vertragen es daher, öfter nacheinander gepflanzt zu werden.

Mischkulturen gleichen wie in der Natur durch ein harmonisches Neben- und Miteinander einen Teil der erwähnten negativen Auswirkungen aus. Allerdings gilt es dabei die Zugehörigkeit zu den Pflanzenfamilien zu beachten. So wirken sich Kohlrabi, Kresse, Radieschen, duftende Levkojen und Senf als Gründüngung genauso aus wie eine ständige Kohlkultur- alle sind nämlich Kreuzblütler und können schwer bekämpfbare Kohlherniekrankheit weitertra-

gen. Ein anderes Beispiel sind Möhren, Sellerie und Petersilie – alle sind als Doldenblütler Wirtspflanzen für Bodenälchen (Nematoden). Diese wiederum befallen auch Erdbeeren, Rosen und Obstbäume – Mitglieder der Rosenfamilie. Ganz einfach ist es also nicht. Grundregel sollte daher sein: Nur eine Vielfalt balanciert alles wieder aus, Monotonie stumpft ab und führt zu Schäden. Außerdem enthält ein gut gepflegter, lebendiger, mit Humus und Gründünger, Nährstoffen und Kalk reichlich versorgter Boden genügend

Gegenspieler (Antagonisten), die die Schädiger in Schach halten. Ein zu niedriger pH-Wert, also saurer Boden, und eine schlecht durchlüftete Bodenstruktur bringt dagegen alles aus dem Gleichgewicht. Regelmäßige Tests geben Auskunft über den Zustand des Bodens! Mischkulturen steigern den Bedarf pro Flächeneinheit und helfen, Schädlinge abzuwehren. Bei richtiger Planung kann eine 4köpfige Familie ihren hauptsächlichen Bedarf an Gemüse und Kräutern von 15–20 m^2 decken. Wer mit knappem Raum auskommen muß, zieht dann hochertragreiche Gemüsearten anderer vor, z.B. Stangenbohnen statt Buschbohnen, Mangold statt Spinat, Tomaten statt Kohl, Möhren statt Schwarzwurzeln.

Manche Pflanzen fördern sich gegenseitig, helfen mit Duftstoffen Schädlinge abzuwehren (Zwiebeln, Knoblauch, Porree, Schnittlauch wehren die Möhrenfliege ab, umgekehrt bleiben auch die Zwiebelfliegen weg). Andere Pflanzenarten dagegen können sich »nicht riechen«, entziehen sich gegenseitig Nähr-

Gegen Schäden durch Nematoden helfen auf biologische Weise verschiedene Fangpflanzen. Unter ihnen sind schöne und wirksame Sommerblumen wie Sonnenhut *(Rudbeckia)*, Schöngesicht *(Coreopsis)*, Kokardenblumen *(Gaillardia)*, Ringelblumen *(Calendula)* und vor allem Studentenblumen *(Tagetes)*. Es gibt sie auch als »Gartendoktor« in Mischung. Man sät diese Blumen in Flächen wie eine Gründüngung aus und läßt sie 100–120 Tage (ca. 4 Monate) lang einwirken. Anschließend einarbeiten oder kompostieren.

stoffe oder Licht. Wieder andere werden, wie Kartoffeln und Tomaten, von den gleichen Krankheiten befallen. Es hätte wenig Sinn, sie in direkte Nachbarschaft zu pflanzen. Leichter als auf die vielen positiven Paarungen kann man sich darauf konzentrieren, die wenigen ungünstigen Mischkulturen beim Anlegen des Beetes oder beim Nachpflanzen während des Jahres (den möglichen Folgekulturen) auszuschalten.

In Mischkulturen gedeiht alles besser.

Aussaattabelle und Kulturanleitung für Gemüse

Gemüseart	Saatgutbedarf pro 10 m^2	Keimdauer (Tage)	Keimtemperatur (°C)	Reihenabstand (cm)	Aussaatzeit	Vorkultur
Artischocken	1 Port.	15–25	18–25	80	II/Anf. V	✳
Bohnen (Busch-)	125–150 g	7–15	15–25	30	Anf. V/Mitte VII	△
Bohnen (Stangen-)	2–3 Port.	10–20	18–25	80	Mitte V	△
Erbsen	200–250 g	7–15	10–20	20–30	Anf. IV	△
Feldsalat, Rapunzel	15–20 g	25–35	10–22	10–15	VIII–Anf. X	△
Fenchel Knollen-	1 Port.	15–25	16–22	30–40	Ende VI/VII	△
Gurken (Freil.-)	2–6 g	6–15	18–25	100	Mitte V	△ ○
Gurken (Treib-)	30 Korn	6–15	22–28	100	II/V	✳
Kohl (Blumen-)	1 Port.	5–15	18–22	50	II–Mitte V	□ △ ○
Kohl Brokkoli	1 Port.	5–15	18–22	40–50	IV/V	□ △ ○
Kohl (China-)	1 Port.	5–15	18–22	30–40	Mitte VII/Anf. VIII	△
Kohl (Kohlrabi-)	1 Port.	5–15	15–22	30	Anf. IV/VI	□ △ ○
Kohl (Weiß- u. Rot-)	1 Port.	8–16	15–22	50	I/V	△
Mangold	10–15 g	10–20	15–22	30	III–X	△ ○ ✳
Melonen	1 Port.	8–20	22–26	100	Ende IV/Anf. V	✳ ○
Möhren	3–5 g	14–28	10–22	30	III/Ende VI	△
Paprika	1 Port.	10–20	20–25	60	Mitte II/Anf. III	✳
Petersilie	10–12 g	14–30	15–22	20	Ende III/VIII	△
Porree	1 Port.	14–25	18–20	40–50	Ende III/VI	△
Radies	20 g	6–14	12–20	20	Ende I/Mitte VIII	△ □ ✳ ○
Rettich	15 g	6–14	12–20	30	III/VIII	✳ ○ △
Rote Rüben	15–20 g	10–20	15–22	25	IV/VI	△
Salate Kopf-	1 Port.	10–15	8–16	30	III/Mitte VII (△ : X/II)	△ ○ □ ✳
Salate Chicoree-	1 Port.	8–15	16–22	40	IV/V	△
Salate Endivien-	1 Port.	8–15	18–25	30–40	Mitte VI–Anf. VII	△
Salate Radicchio-	1 Port.	10–16	16–20	5	V/Ende VI	△
Sellerie (Knollen-)	1 Port.	18–30	18–22	40	III	✳ □
Spinat	40–50 g	8–20	5–20	20	Ende III/Anf. V	△ ○
Tomaten	1 Port.	8–20	18–25	80	Anf. III	✳
Zwiebeln	1 Port.	14–30	15–18	30	III–IV	△
Zucchini u. Kürbis	1 Port.	6–15	18–25	80	Ende IV/Ende V	✳ △

○ Anzucht unter Folie/Tunnel   △ Direktsaat im Freien   □ Anzucht im Frühbeet   ✳ Anzucht unter Glas

Aussaattabelle für Heil- und Küchenkräuter

Pflanzenart	Aussaat-zeit Monat	Vorkultur	Licht-/ Dunkel-keimer	Keimtem-peratur °C	Keim-dauer Tage	Saatgut-portionen für 1 m²	Korn/g	Keim-fähig Jahre
Basilikum	V–Anf. VI	□ ✳	L	16–25	14–25	$^1/_2$	700	4–5
Bohnenkraut	IV–Anf. VI	–	L	16–25	18–28	$^1/_2$	1400–1600	2–3
Borretsch	IV–VI	–	D	15–25	21–35	$^1/_2$	60–70	2–3
Brunnenkresse	III–VIII	–	L	6–14	12–25	$^1/_2$	5000	4–5
Dill	IV–VIII	–	L	15–20	20–35	1	700–800	2–3
Fenchel	IV–VI	△	LD	16–22	15–25	$^1/_2$	125–200	2–3
Gartenkresse	ganzjähr.	✳ △	L	18–25	3–6	50 g	200	2–3
Kamille	IV–V	–	L	16–22	15–30	$^1/_2$	16–30 000	2–3
Kerbel	IV–VIII	–	L	16–25	20–30	1	300–700	3–4
Schnitt-knoblauch	IV–VIII	–	D	18–25	20–35	1	700–800	2–3
Koriander	IV–VI	–	D	16–25	20–30	1 $^1/_2$	300–350	2–3
Kümmel	III–Ende VI	–	D	16–22	20–35	$^1/_2$	300–500	3–4
Lavendel	IV–VI	✳ △	L	18–25*	20–30	$^1/_2$	900–1000	2–3
Liebstock	IV–VI	□ ✳	D	18–25	20–30	$^1/_2$	200–500	1–2
Löwenzahn	III–VIII	△	L	12–18	10–30	$^1/_2$	800–1000	1–3
Majoran	IV–VI	–	LD	15–25	21–35	$^1/_2$	3600	2–3
Mariendistel	V–VI	–	D	15–25	20–30	1	40–45	3–4
Melisse	IV–V	□ ✳ △	L	20–30	20–40	$^1/_3$	1600–1900	2–3
Oregano, Dost	IV–V	□ ✳ △	L	20–30	30–45	$^1/_3$	12 000	1–3
Petersilie	III–VIII	–	D	15–25	15–30	1	800–900	2
Pfefferminze	III–V	□ △	L	20–25	20–35	$^1/_3$	11–20 000	2–3
Pimpinelle	IV–VI	–	D	15–25	20–30	1	250–300	2–3
Portulak	IV–VI	–	D	18–25	6–15	1	2500	3–4
Rhabarber	III–V	□ ✳	D	18–25	20–30	$^1/_3$	70–80	2–3
Rosmarin	III–VI	□ ✳	L	20–28	14–35	1 $^1/_2$	750–1000	2–3
Salbei	III–VI	□ ✳ △	LD	20–25	20–35	$^1/_3$	160–200	2–3
Sauerampfer	IV–VIII	–	L	15–22	10–20	1	1200–1400	4–5
Schnittlauch	IV–VIII	–	D	15–22	20–30	1	900–1000	1–3
Schnittsellerie	IV–VI	–	D	16–22	20–30	$^1/_2$	2000	3–4
Thymian	III–V	□ ✳ △	L	20–26	30–45	1	3–6000	2–3
Winterportulak	VIII–V	–	LD	unter 15	8–14	1	1400–1600	2–3

Pflegeleichte Sommerblumen vermehren

Fast alle Blumen blühen in der warmen Jahreszeit. Als Sommerblumen bezeichnet der Gärtner jedoch die Gruppe der pflegeleichten Lückenfüller, die innerhalb von wenigen Monaten Staudenbeete, Balkone, Gefäße und Beetränder in ein leuchtendes, üppiges Farbenmeer verwandeln. Für wenig Geld kommen die »Einjährigen« im gleichen Jahr noch zur Blüte oder verteilen die Monate des Heranwachsens im Herbst und des Blühens im zeitigen Frühjahr auf zwei Vegetationsperioden (»Zweijährige«). 400–700 verschiedene Blumenarten und -sorten führt ein gut sortiertes Samenfachgeschäft, eine Auswahl aus Tausenden von Möglichkeiten. Angeboten werden jeweils nur die schönsten und pflegeleichtesten Blumen. Eisbegonien, Petunien, Ziertabak, Leberbalsam, Männertreu, Löwenmaul, Bartfaden, Zigarettenblümchen und Fleißige Lieschen entwickeln sich aus sehr feinen Samen, die im Februar

schon gesät und danach zweimal pikiert werden, bis sie im Mai die ersten Blüten zeigen. Im März folgt dann die Masse der empfindlicheren Sommerblumen aus südlichen Ländern wie Studentenblumen, Hahnenkamm, Spinnenpflanzen, Glokkenreben, Duftsteinrich, Rizinus und Zinnien. Ihre Anzucht unterscheidet sich nicht wesentlich von der Setzlingsanzucht bei Gemüsen und läßt sich daher auf der Fensterbank, im Gewächshaus oder Frühbeet zusammen durchführen. Viele Sommerblumen wie Clarkien, Wucherblumen, Flocken-

Sommerblumen sind nicht nur Lückenfüller.

blumen zum Schnitt, Leinkraut und Elfenspiegel kann man direkt ins Freie säen. Entweder dünn verteilt in flache Saatrillen von 1–3 cm Tiefe, wobei man später eventuell zu dicht stehende Pflanzen vereinzeln muß oder auf ein sorgsam und feinkrümelig hergerichtetes Saat-

beet oder ins Frühbeet. Auf dieser kleinen, überschaubaren Fläche, die sich mit Folie, Vlies oder aufgelegte Schattierrahmen für Sommeraussaaten noch gegen Austrocknen, Vögel und Wind schützen läßt, ziehen wir ab Anfang April Pflanzen mit feineren Samen und Struk-

turen heran. Astern, Bechermalven, Ringelblumen sowie Goldlack, Stiefmütterchen und Vergißmeinnicht im Sommer sind auf einer solchen Anzuchtfläche bei 10–15 cm Reihenabstand gut aufgehoben. Mit fein gesiebtem ausgereiftem Kompost oder mit Humussubstraten läßt sich die Aussaatfläche optimal herrichten. Sobald die Pflänzchen gut faßbar sind, kann man sie an den vorgesehenen Standort pflanzen.

Von Juni bis Anfang August ist Saatzeit für Zweijährige wie Marienglockenblumen, Fingerhut, Islandmohn, Bartnelken, Vergißmeinnicht, Tausendschönchen *(Bellis)* und Stiefmütterchen. Dämmeriger Schatten, viel Sauerstoff, feuchte Keimbedingungen und relativ kühle Temperaturen von 15–17° C, wie sie vor allem Stiefmütterchen und *Bellis* benötigen, sind Voraussetzungen, die im heißen Hochsommer oft schwer erreichbar sind. Hier helfen der erwähnte Schattenrahmen oder ganz einfache Jutesäcke, die auf das besäte Beet gelegt und bis zum Aufgang immer feucht gehalten werden. Die Verdunstungskälte senkt die Keimtemperatur. Flach säen und den Samen nur 5 mm dick bedekken! Stiefmütterchensamen ist von einem dünnen Ölfilm umgeben, der sich durch einfaches Reiben in der Hand mit etwas feuchtem Sand entfernen läßt. Bis zum Aufgang dauert es nur wenige Tage. Sofort die Säcke entfernen, damit sich die zarten Keime nicht darin verhaken.

Aussaattabelle für einjährige Blumen

Pflanzenart	Aussaat Monat	Wo?	Keimtemp. °C	Keimdauer Tage	Keimfähig Jahre	Korn/g
Immortelle (Acroclinium syn. Helipterum)	IV–V	△	15–20	15–25	3	360
Leberbalsam (Ageratum)	II–III	✳	22–26	10–20	2–3	500
Duftsteinrich (Alyssum)	III–IV	✳	18–22	6–10	2–3	2500
Fuchsschwanz (Amaranthus)	IV–V	△	18–22	7–14	4–5	600
Hundszunge (Anchusa)	III–Vi	△	18–24	10–20	2–3	350
Löwenmaul (Antirrhinum)	II–III	✳	10–20	20–30	2–3	7000
Bärenohr (Arctotis)	III–Iv	✳	20–26	20–30	2–3	100
Eisblume (Begonia)	XII–II	✳	18–25	15–25	2–3	60 000
Blaues Gänseblümchen (Brachyscome)	III–V	✳ △	18–22	14–20	2–3	9000
Ringelblume (Calendula)	III–VIII	△ ✳	10–20	8–15	3–4	150
Sommeraster (Callistephus)	III–V	△ ☐	18–21	8–20	1–2	500
Hahnenkamm (Celosia)	III–IV	✳	18–22	14–20	2–3	1200
Kornblume (Centaurea)	III–IX	△	10–20	14–20	3–4	200
Wucherblume einj. (Chrysanthemum)	IV–VI	△	10–20	14–20	3–5	400
Clarkie (Clarkia)	IV–V	△	15–22	10–16	2–3	3200
Spinnenpflanze (Cleome)	II–III	✳	18–25	18–30	2–3	450
Glockenrebe (Cobaea)	II–III	✳	18–25	15–25	2–3	20
Buntnessel (Coleus)	II–III	✳	18–25	15–20	2–3	3500
Prachtwinde (Convolvulus)	III–IV	✳	18–25	8–15	3–4	100
Schöngesicht (Cosmea bipinnata)	IV–V	△ ☐	15–25	12–20	3–4	200
Schmuckkörbchen (Cosmos sulphureus)	III–V	✳ ☐	18–25	12–25	3–4	250
Zigarettenblümchen (Cuphea)	II–III	✳	18–25	15–25	2–3	600
Sommerrittersporn (Delphinium, einj.)	II–IV	△	12–16	12–20	2–3	500
Kapringelblume (Dimorphotheca)	IV–V	△	15–25	10–18	3–5	400
Kaliforn. Mohn (Eschscholtzia)	III–IX	△	10–22	8–15	3–4	500

△ Direktsaat im Freien   ☐ Anzucht im Frühbeet   ✳ Anzucht unter Glas

Aussaattabelle für einjährige Blumen

Pflanzenart	Aussaat Monat	Wo?	Keimtemp. °C	Keimdauer Tage	Keimfähig Jahre	Korn/g
Schnee auf dem Berge (Euphorbia)	IV–V	△	15–25	8–15	3–4	70
Prairieenzian (Eustoma)	II–III	✳	18–22	20–30	2–3	800
Mittagsgold (Gazania)	II–IV	✳	18–25	10–25	1–3	200
Gilie (Gilia, Ipomopsis)	IV–V	△	18–25	18–25	2–3	600
Sommerazalee (Godetia)	IV–V	△	15–20	10–20	3–4	1600
Kugelamaranth (Gomphrena)	IV–V	△ □	15–22	10–20	3–4	120
Zittergras (Briza)	III–V	△	18–25	10–25	2–3	2000
Hiobs-Tränengras (Coix)	III–V	△ □	20–25	10–25	2–3	6
Ziergerste (Hordeum)	III–V	△	18–25	10–25	2–3	600
Hasenschwanzgras (Lagurus)	III–V	△	18–25	15–25	2–3	3600
Schleierkraut (Gypsophila)	IV–V	△	15–20	15–25	2–3	1000
Sonnenblume (Helianthus)	IV–V	△	15–25	10–20	3–5	20–75
Strohblume (Helichrysum)	IV–V	△	15–25	15–25	2–4	1400
Schleifenblume (Iberis)	IV–VI	△	10–20	8–20	2–3	400
Fleißiges Lieschen (Impatiens)	II–III	✳	18–25	18–30	2–3	2000
Prunkwinde (Ipomoea)	III–IV	✳	18–25	8–20	2–3	25
Kochie, Sommerzypresse (Kochia)	IV–V	△	15–22	10–20	2–3	1200
Wicke (Lathyrus)	III–V	△	10–18	10–20	3–4	12
Bechermalve (Lavatera)	III–VI	□ △	18–25	10–20	3–4	1600
Sumpfblume (Limnanthes)	III–V, IX	□ △	18–25	14–20	3–4	120
Leinkraut (Linaria)	IV–V	△	15–25	8–20	3–4	15 000
Männertreu (Lobelia)	II–III	✳	18–25	5–15	2–3	30 000
Levkoje (Matthiola)	II–IX	△ □	15–22	8–20	3–5	1000
Mutterkraut (Matricaria)	III–V	□ ✳	15–20	10–20	3–4	7600
Mittagsblume (Mesembrianthemum)	III–V	△ ✳	15–25	8–20	2–3	4000
Gauklerblume (Mimulus)	II–V	✳	12–18	10–20	2–3	22 000
Nemesie (Nemesia)	II–VI	△ ✳	18–25	10–20	2–3	3500
Hainblume (Nemophila)	IV–VI	△	15–25	10–20	3–4	400
Ziertabak (Nicotiana)	III–IV	✳	18–25	15–25	2–3	1100

Aussaattabelle für einjährige Blumen

Pflanzenart	Aussaat Monat	Wo?	Keimtemp. °C	Keimdauer Tage	Keimfähig Jahre	Korn/g
Jungfer im Grünen (Nigella)	IV–VIII	△	15–22	10–20	2–3	450
Mohn (Papaver)	III–X	△	10–18	15–25	3–4	4600
Bartfaden (Penstemon)	II–III	*	18–22	15–30	2–3	1800
Schwarznessel (Perilla)	II–III	*	20–26	12–20	2–3	740
Petunie (Petunia)	II–III	*	18–22	10–20	2–3	9000
Bienenfreund (Phacelia tanacetifolia)	V–VIII	∧	15–20	8–15	3–4	520
Büschelschön (Phac. campanularia)	IV–VII	△	15–20	8–15	2–3	1800
Sommerphlox, einj. (Phlox)	III–V	△	18–25	15–25	2–3	520
Portulak (Portulaca)	III–VI	△	15–22	8–15	2–3	10 000
Reseda (Reseda)	IV–VI	△	18–25	10–20	3–4	800
Wunderbaum (Ricinus)	III–IV	*	18–25	12–25	3–5	1,5
Sonnenhut (Rudbeckia)	IV–V	△	15–20	15–25	3–4	3000
Trompetenzunge (Salpiglossis)	III–V	△ *	18–25	15–25	2–3	4200
Salvie (Salvia)	II–III	*	20–25	8–25	2–3	300
Husarenknopf (Sanvitalia)	III–IV	*	18–22	8–18	3–4	350
Witwenblume (Scabiosa)	IV–VI	△	15–22	10–20	2–3	85
Bauernorchidee (Schizanthus)	IV–IX	△ *	15–22	10–20	3–4	1700
Leinkraut (Silene)	IV–V	△	10–20	12–20	3–4	1100
Strandflieder/Meerlavendel (Limonium)	IV–V	△	18–22	12–25	3–4	20
Studentenblume (Tagetes)	II–V	* △	18–25	8–20	2–3	300
Schwarze Susanne (Thunbergia)	III–IV	*	18–25	15–25	2–3	40
Kapuzinerkresse (Tropaeolum)	III–V	△	18–22	10–20	3–4	6–7
Verbene (Verbena)	II–III	*	18–22	15–32	2–3	370
Ziermais (Zea)	IV–V	* △	18–25	8–20	3–4	5
Zinnie (Zinnia)	III–V	□ △	20–25	8–20	2–3	150

△ Direktsaat im Freien   □ Anzucht im Frühbeet   * Anzucht unter Glas

Aussaattabelle für zweijährige Blumen

Unter feuchten Säcken keimen
Stiefmütterchen besser.

Pflanzenart	Aussaat Monat	Keim-temp.	Keim-dauer	Keim-fähig	Korn/g
Stockrose, Malve	VI–VIII	15–22	5–12	3–4	200
Maßliebchen	VI–VIII	18–22	18–20	2–3	600
Marienglockenblume	VI–VII	12–22	12–25	3–4	16 000
Goldlack	VI–VII	10–20	8–15	3–4	650
Bartnelke	VI–VIII	15–20	10–20	3–4	1000
Fingerhut	VII–VIII	18–22	15–25	3–4	10 000
Mondviole	V–VII	12–20	8–15	3–4	50
Vergißmeinnicht	VII–VIII	15–22	8–15	3–4	1500
Islandmohn	VII–VIII	18–22	10–20	3–4	9000
Stiefmütterchen	VI–VIII	15–18	8–15	2–3	800

Wildblumen und Blumenwiesen

Bei Wildblumen, Blumenwiesen, Nützlingsmischungen aus Kräutern und Sommerblumen sowie Gründüngung ist eine Reihensaat nicht angebracht. Sie entwickeln sich wie Rasen besser in dünn verteilter, mit lockerem Schwung ausgebrachter **Breitsaat.** Der Samen wird dann mit der Harke nur flach eingearbeitet und anschließend immer feucht gehalten.

Blumeninseln sind eine Alternative, wenn man einen Rasen naturgemäßer gestalten möchte, ohne gleich die gesamte Fläche umzuwandeln. Statt dessen werden an passenden Stellen nierenförmige oder auch runde Inseln ausgestochen, saatfertig hergerichtet

und ganz nach Geschmack mit einjährigen oder mehrjährigen Wildblumenmischungen (gibt es in großer Auswahl im Gartencenter) besät. In solchen Inseln läßt sich jedes Jahr neu ein farbenprächtiges oder verspielt wirkendes Biotop einrichten, das sich mit ausgestreutem Samen oder Ausläufern auch in die umgebende Graslandschaft ausbreiten kann.

Blumenwiesen passen optimal in naturnah angelegte Gärten, zu Teichlandschaften mit Sumpfzone und Bachlauf, in Trockenbiotope und in ländliche Umgebung. Damit Mensch und Tier an ihnen Freude haben, darf eine Blumenwiese nicht zu klein ausfallen. Ungünstig sind fette, nährstoffreiche Böden, Ton und Lehm, denn Gräser und Kleearten werden sich auf solchen Standorten im Laufe

der Zeit immer kräftiger entwickeln und die gewünschte Wildflora unterdrücken. Sandige, magere, ungedüngte Böden eignen sich besser. Wer an eine Blumenwiese denkt, muß wissen, daß auch sie 1–2mal im Jahr gemäht werden muß und daß man sie nur auf Pfaden betreten kann. Auch Hunde oder Katzen bringen den grazilen, blütenreichen Pflanzenwuchs durcheinander. Gemähter Rasen am Haus und die Wiese am Grundstücksrand lassen jedoch beide zu ihrem Recht kommen – die Natur und den Menschen.

Die Alternative für kleine Grundstücke ist der **Blumenrasen,** der Wildblumen mit rosettenartigem Wuchs enthält. Gänseblümchen, Primeln, Ehrenpreis oder Duftveilchen macht der Rasenmäher nichts aus, auch nicht das Betreten und gelegentliche Bespielen. Ihre Blätter schmiegen sich dem Boden an. Krokusse, Schneeglöckchen, Schneeglanz und Herbstzeitlose sind hier gut aufgehoben – man muß nur im Frühjahr mit dem Mähen warten, bis ihre Blätter eingezogen sind.

Wie kommt man zu Blumenwiese oder Blumenrasen? Einfach Samen zwischen die Gräser zu werfen, bringt gar nichts,

Wildblumenbeete sind ein Eldorado für Bienen und Schmetterlinge.

40

Blumenwiesen sind einfach schön.

denn zum Keimen brauchen sie intensiven Bodenkontakt. Auch das Vertikutieren bewirkt eher das Gegenteil, eine Kräftigung des Graswuchses und Konkurrenz für die Blumen. Das Warten auf Veränderungen durch Abmagern des Bodens und das Hoffen auf natürlichen Sameneintrag aus der Umgebung wird oft empfohlen, verlangt aber sehr viel Geduld.

Ein bestehender Rasen kann natürlich durchgefräst und besät werden. Besser ist es jedoch, wie bei einer Neuanlage vorzugehen. Beste Saatzeit sind Ende März, April, Mai oder im Herbst von August bis Oktober. Wichtig ist eine sehr gute Bodenvorbereitung, denn später soll die Fläche ja pflegeleicht sein. Mit mürbem Lehm, Torf oder unkrautfreien strukturbildenden Humussubstraten lassen sich für die Wildblumen unterschiedliche Bodenverhältnisse herstellen. Gekaufte Samenmischungen sollten artenreich sein und von standortgerechten Vermehrungen stammen. In der Regel ergeben zunächst schnellwüchsige Arten der Ackerflora wie Klatschmohn, Wucherblumen, Kornrade, Kornblumen ein buntes, üppig blühendes Bild. Wie in der Natur, wo offener Boden bald von ausdauernden Wild-

pflanzen besiedelt wird, wachsen dazwischen Gräser und Stauden wie Margeriten, Salbei, Wiesenbocksbart, Lupinen und Kuckuckslichtnelken heran, die in den Folgejahren die Wiesenvegetation prägen.

Nach der Hauptblüte, spätestens im August mähen, damit die Blattrosetten der staudigen Pflanzen noch viel Licht erhalten und nicht verfaulen. Nach einer zweiten Mahd kurz vor dem Winter präsentiert sich die Wiese kurzgeschoren, zu offen für Mäuse und Wühlmäuse!

Zunächst aber wird der Boden von Wurzeln und Steinen gesäubert, mit der Holzharke ge-

glättet und mit dem feinen Samen sehr dünn verteilt besät (6–10 g der Blumen-Gräsermischung pro Quadratmeter. Bei Rasenanlagen dichter säen: 15–40 g, je nach Mischung). Das gleichmäßige Säen von Hand gelingt nicht jedem auf Anhieb. Daher zunächst die Hälfte des Saatgutes ausstreuen und anschließend quer zur bisherigen Arbeitsrichtung nachsäen. Danach wird der Samen mit einer Walze angedrückt oder mit den Stiefeln dicht an dicht angetreten. Eine mit Draht gespickte Igelrolle drückt die Samen leicht ein. Ansonsten vermengt man Boden und Saat ganz leicht mit einer darüber gezogenen Harke. Von da an hängt der Erfolg der Aussaat vom gleichmäßigen Feuchthalten bis mindestens 3 Wochen nach dem Aufgang ab.

41

Stauden aus Samen selber ziehen

Wer einen Naturgarten anlegen will, greift gerne auf die standortgerechten Stauden zurück, die es als Samen in reicher Auswahl gibt. Das Angebot an fertigen Pflanzen ist dagegen viel geringer. Außerdem: wer spart nicht gerne? Gerade eine Gartenanlage geht mächtig ins Geld. Die eigene Anzucht lohnt sogar bei Blumenzwiebeln und bei vielen »Prachtstauden«, zumal immer mehr Stauden-Neuheiten (Rittersporn, Schöngesicht, Ballonblumen, Staudenlobelien und viele andere) schon im ersten Jahr zur Blüte kommen.

Das macht das Gärtnern interessanter – Stauden werden mit wenig Aufwand wie Sommerblumen genutzt und entweder alljährlich neu angezogen oder auf Beeten ausgepflanzt.

Nur für diese sind früher Start im Februar oder März und damit entsprechende Anzuchtmöglichkeiten nötig. Die meisten Stauden geben sich mit durchlässigem Aussaatsubstrat oder sterilisiertem Kompost (s. S. 6) zufrieden. Weil die Keimfähigkeit oft ungewiß und niedriger ist als bei Sommerblumen, sät man in Kistchen, die man gut betreuen und kontrollieren kann und pikiert erst nach dem Aufgang in Topfplatten.

Jede Anzucht erhält ein dauerhaft beschriftetes Etikett, das mit an den endgültigen Standort wandern kann. Oft braucht oder erhält man nur wenige Pflanzen. Dann ist die Kennzeichnung um so wichtiger.

Kaltkeimer (Frostkeimer)

Viele Staudenarten stammen aus dem Hochgebirge. Damit der Samen nicht vorzeitig im Herbst keimt, hat die Natur Vorsorge getroffen: Erst kühle Temperaturen nahe der Frostgrenze und Niederschläge heben die Keimhemmung von Eisenhut, Adonisröschen, Christ-

Die meisten Stauden lassen sich aus Samen anziehen.

Im Bauerngarten blüht es unaufhörlich bis in den Herbst.

rosen, Frauenmantel, Küchenschelle, Edeldistel, Alpenenzian, Primelarten, Trollblumen, Veilchen, Wiesenraute, Witwenblume, Heidekraut und vielen anderen »Frostkeimern«, wie sie fälschlicherweise genannt wurden, auf. Frost ist nämlich nicht unbedingt nötig, nur eine Periode mit kühler Temperatur von 0–5°C. So gelingt die Anzucht im Freien: Eine Saatschale in den Herbst- und Wintermonaten besäen, angießen und mit einer Plastikhaube oder einem transparenten Folienbeutel vor dem Austrocknen schützen. Unter einem Busch oder im Schatten einer Mauer sind die Samen den Temperaturen im Freien ausgesetzt. Im April oder Mai zeigt dann zartes Grün, daß die Kälte ihre Wirkung entfaltet hat. Aber die Natur läßt sich auch überlisten. Dazu wird der Samen zunächst in der Schale oder in einem Beutel mit feuchtem Sand bei 15–20°C 2 Wochen lang vorgekeimt. Die Kühlbehandlung (2–3 Wochen) erfolgt in einem Kühlschrank bei +2–5°C. Anschließend vollzieht sich die Keimung bei langsamer Erwärmung (erst + 10, später 15°C).
Nicht geeignet ist die Kühltruhe. Dort gefriert alles schockartig in sehr kurzer Zeit – zu schnell, als daß die Samen sich darauf einstellen könnten. Sie erfrieren trotz Winterhärte.

Diese speziellen Staudensorten blühen schon im ersten Jahr:

- *Achillea millefolium* 'Summer Pastels', vielfarbige Mischung, Schafgarbe
- *Agastache mexicana*, Mexikanische Minze
- *Anthemis tinctoria*, Färberkamille
- *Asclepias currassavica*, Seidenpflanze
- *Campanula carpatica* 'Clips' (blau und weiß), Karpatenglockenblume
- *Centranthus coccineus ruber*, Spornblume
- *Coreopsis grandiflora* 'Early Sunrise', Mädchenauge
- *Delphinium*-Hybriden 'Dwarf Blue Springs' und 'Magic Fountain Mix', Rittersporn
- *Dendranthema*-Grandiflora-Hybriden, Chrysanthemen
- *Dianthus barbatus* 'Hollandia', Bartnelke
- *Echinacea purpurea*, Roter Sonnenhut
- *Lathyrus latifolius*, Staudenwicke
- *Lavatera thuringiaca* 'Märchenzauber' Staudenbechermalve
- *Leucanthemum-Maximum*-Hybride 'Snow Lady', niedrige Margerite
- *Lobelia speciosa* 'Kompliment Scharlach'
- *Lychnis haageana* 'Molten Lava', Lichtnelke
- *Lythrum salicaria*, Blutweiderich
- *Platycodon grandiflorum* 'Sentimental Blue', Ballonblume
- *Rehmannia angulata* 'Popstar' Rehmannie
- *Rudbeckia fulgida* 'Goldsturm' Sonnenhut
- *Viola cornuta* 'Princess', Hornveilchen

Aussaattabelle für Stauden

Pflanzenart	Aussaat Monat	Keimtemp. °C	Keimdauer Tage	Wo?	Keimfähig Jahre
Schafgarbe *(Achillea tomentosa)*	IV–VII	12–18	30–30	☐	3–4
Eisenhut *(Acontum napellus)*	X–II	0–20*	1 Winter	☐	2–3
Adonisröschen *(Adonis vernalis)*	VI–VIII	0–20*	1 Winter	☐	2–3
Frauenmantel *(Alchemilla mollis)*	X–II	0–20*	1 Winter	☐	3–4
Steinkraut *(Alyssum saxatile)*	VI–VIII	18–25	15–25	☐	3–4
Akelei *(Aquilegia vulgaris)*	IV–VIII	15–20	15–30	☐	3–4
Sandnelke *(Armeria maritima)*	V–VI	15–20	15–20	△	2–3
Arnika *(Arnica alpina)*	X–II	0–20*	1 Winter	☐	2–3
Gänsekresse *(Arabis caucasica)*	VII–VIII	15–22	15–30	☐	3–4
Staudenaster *(Aster alpinus)*	V–VII	10–22	15–25	☐	3–4
Sterndolde *(Astrantia major)*	X–II	0–20*	1 Winter	☐ ✳	2–3
Blaukissen *(Aubrietia leichtlinii)*	V–VII	15–22	15–30	☐	2–3
Glockenblume *(Campanula carpatica)*	V–VII	12–20	20–30	☐	2–3
Silberdistel (L) *(Carlina acaulis)*	III–IV	12–18	15–20	☐	2–3
Kornblume (L) *(Centaurea montana)*	VI–VII	18–22	15–20	☐	2–3
Spornblume *(Centranthus ruber)*	IV–V	18–20	15–20	☐	3–4
Margerite (L) *(Leucanthemum max.)*	V–VI	12–20	15–30	☐	3–4
Mädchenauge *(Coreopsis grandiflora)*	VI–VII	15–20	15–20	☐	3–4
Schlangenkopf *(Chelone obliqua)*	X–II	0–18*	1 Winter	☐	2–3
Rittersporn *(Delphinium cultorum)*	III–VI	12–18	15–25	☐	3–4
Landnelke *(Dianthus caryophyllus)*	III–V	12–18	15–25	☐	2–3
Tränendes Herz *(Dicentra spectabilis)*	VIII–II	0–20*	1 Winter	☐	1–2
Diptam *(Dictamnus albus)*	IV–V	12–15	15–25	☐	1–2
Gemswurz *(Doronicum orientale)*	IV–V	10–20	15–25	☐	2–3
Kugeldistel *(Echinops ritro)*	IV–VI	12–18	15–25	☐	2–3
Kokardenblume *(Gaillardia aristata)*	IV–VII	18–25	18–25	☐	2–3
Alpenenzian *(Gentiana acaulis)*	X–II	0–20*	1 Winter	☐	1–2
Storchenschnabel *(Geranium sang.)*	IV–V	12–20	15–25	☐	2–3
Nelkenwurz *(Geum hybridum)*	IV–V	12–18	20–30	☐	2–3
Schleierkraut *(Gypsophila paniculata)*	VI–VII	15–20	10–25	☐	2–3
Sonnenbraut *(Helenium autumnale)*	VI–VII	15–20	10–20	☐	2–3
Taglilie *(Hemerocallis)*	IV–VII	18–22	15–30	☐	2–3

* Kaltkeimer   (L) Lichtkeimer   ☐ Saatkiste oder Frühbeet   △ Direktsaat   ✳ Gewächshaus

Pflanzenart	Aussaat Monat	Keimtemp. °C	Keimdauer Tage	Wo?	Keimfähig Jahre
Nachtviole (Hesperis matronalis)	VI–VII	12–18	10–30	☐ △	2–3
Purpurglöckchen (Heuchera sanguinea)	XII–IV	15–18	10–25	☐	2–3
Eibisch (Hibiscus moscheutos)	I–III	22–28	18–30	✳	3–4
Schleifenblume (Iberis sempervirens)	III–V	15–18	15–25	☐	3–4
Alant (Inula ensifolia)	V–VII	15–20	15–25	☐	2–3
Sandglöckchen (Jasione perennis)	IV–VII	15–18	15–25	☐	2–3
Fackellilie (Kniphofia uvaria)	IV–VII	18–20	15–25	☐	3–4
Staudenwicke (Lathyrus latifolius)	X–VIII/IV–VII	10–18*	120–150	☐	3–4
Edelweiß (Leontopodium alpinum)	IV–V	15–18	15–25	☐	2–3
Prachtscharte (Liatris spicata)	IV–VII	18–22	20–30	☐	2–3
Staudenlobelie (Lobelia fulgens)	XII–III	18–22	15–25	✳	2–3
Lupine (Lupinus polyphyllus)	V–VII	15–20	15–25	☐	3–4
Lichtnelke (Lychnis chalcedonica)	III–V	18–22	25–35	☐	2–3
Indianernessel (Monarda didyma)	III–VI	15–22	25–35	☐	2–3
Nachtkerze (Oenothera missouriensis)	III–VI	15–20	10–20	☐	3–4
Feuer-Mohn (Papaver orientale)	III–VI	10–20	15–25	☐	2–3
Federborstengras (Pennisetum)	III–V	18–25	10–25	△	2–3
Staudenphlox (Phlox paniculata)	X–II	0–18*	30–100	△	2–3
Lampionblume (Physalis alkekengi)	X–II	0–18*	30–100	△	2–3
Kissenprimel (Primula vulgaris)	III–VI	10, dann 18	20–30	☐ △	2–3
Etagenprimel (Primula beesiana)	X–II	0–18*	30–100	☐	2–3
Himmelsschlüssel (Primula veris)	X–II	0–15*	30–100	☐ △	2–3
Sonnenhut (Rudbeckia fulgida)	III–VI	15–18	15–25	☐	3–4
Salbei (Salvia superba)	XII–V	18–22	15–25	☐	3–4
Steinbrech (Saxifraga arendsii)	III–VII	15–18	15–25	☐ △	2–3
Witwenblume (Scabiosa caucasica)	X–III	0–18*	30–90	☐	3–4
Wiesenraute (Thalictrum dipterocarpum)	X–II	0–15*	30–120	☐	2–3
Thymian (Thymus serpyllum)	III–V	15–18	15–30	☐	2–3
Trollblume (Trollius ledebourii)	X–II	0–15*	30–120	☐	2–3
Königskerze (Verbascum olympicum)	V–VI	15–20	15–25	☐	3–4
Hornveilchen (Viola cornuta)	III–VIII	12–20	15–25	☐	3–4
Duftveilchen (Viola odorata)	VIII–II	0–15*	30–180	☐ △	3–4

Zimmer- und Kübelpflanzen aus eigener Anzucht

Botanische Raritäten, gekauft, getauscht oder aus dem Urlaub mitgebracht, seltene Früchte, Kübelpflanzen, die nicht jeder hat – das reizt jeden Pflanzenfreund. Vieles läßt sich nur schwer über Stecklinge vermehren – die Samenaussaat verspricht da schon mehr Erfolg.

Engelstrompeten, Bananen, Palisanderbaum, Kaffeebaum, Keulenlilien, Zylinderputzer, Baumtomaten, Paradiesvogelblumen, Palmen und Oleander sind nur einige der schönen und auffälligen Kübelpflanzen, die das ganze Jahr über in Töpfen gesät werden können. Trotzdem bietet die Heizperiode von November bis April die besten Voraussetzungen zum Pflanzenstart, weil dann ohne zusätzlichen Aufwand (Wärmeplatten, Keimbox) die nötige Heizwärme von 20–25° C zur Verfügung steht. Viele dieser Samen aus den Tropen sind hartschalig und nicht allzu lange keimfähig, daher immer möglichst frisches Saatgut verwenden.

Palmensamen feilt man auf Sandpapier so lange an, bis das weiche Innere sichtbar wird. Kaffeesamen, Korallenbaum, Australische Silbereiche, Engelstrompeten und Zierspargel keimen leichter, wenn der Samen vorher 1–2 Tage lang in lauwarmem Wasser eingeweicht wird.

Wichtig: Die Substrattemperatur mit einem Thermometer messen. Mitunter ist sie durch Verdunstung oder kalte Fensterbänke zu niedrig.

Palmen wachsen langsam.

Auch für die grünenden und blühenden Zimmerpflanzen wie Drehfrucht, Flammendes Käthchen, Buntnessel, Blaues Lieschen, Gerbera, Fuchsie oder Usambaraveilchen sind die Winter- und Frühjahrsmonate günstig.

Diese Samen sind meistens sehr fein, oft auch Lichtkeimer. Daher nicht mit Substrat bedecken, nur andrücken, gut feucht und bei hoher Luftfeuchte halten (mit Plastikbeutel oder Glasscheibe bedecken). Dies gilt auch für die schnell keimenden Kakteen, die zu Beginn viel Feuchte lieben. Übergesiebter grober Sand sorgt für viel Sauerstoff und hält Krankheitskeime fern.

Farne vermehren sich nicht durch Samen, sondern durch Sporen. An den Unterseiten der Wedel des Vogelnestfarns *(Asplenium)*, von Geweihfarnen *(Platycerium)*, Frauenhaarfarn *(Adiantum)* oder *(Nephrolepis)* – alles Farne fürs Zimmer – oder bei den Freilandfarnen finden wir sie in strichförmigen oder fleckenartigen, graubraunen Gebilden. Bei Berührung fallen die Sporen aus.

Keimende Sporen sind durch Algen und Pilze gefährdet – es kommt daher auf sauberes Arbeiten an. Füllen Sie eine saubere Schale mit abgekochtem Wasser und legen sie einen Ziegelstein hinein, der 1 cm hoch mit sterilisierter Erde bedeckt ist. Auch Torfbrocken sind geeignet, den 1–2 cm hohen Wasserstand zu bewahren. Jetzt die staubförmigen Sporen aussäen

und alles in einem Plastikbeutel verschließen. Bei Zimmertemperatur zeigt sich nach 2–8 Wochen das erste Grün. Es sind zunächst die Vorkeime, auch Prothallium genannt. Erst auf diesen bilden sich männliche und weibliche Geschlechtsorgane aus, die Vereinigung erfolgt, aus der die neuen Pflänzchen sprießen.

Tropische Samen unter Folie.

Nach weiteren 3–4 Monaten sind die Pflänzchen groß genug zum Pikieren in kleine Töpfchen.

47

Aussaattabelle für Zimmerpflanzen

Pflanzenart	Aussaatzeit	Opt. Keimtemperatur (° C)	Keimdauer
Schönmalve *(Abutilon)*	ganzjährig	21–25	3–4 Wochen
Falsche Mimose *(Acacia)*	ganzjährig	22–25	3–5 Wochen
Wüstenrose *(Adenium)*	ganzjährig	18–22	1–2 Wochen
Keulenlilie *(Agapanthus)*	ganzjährig	15–18	1–3 Monate
Agave	ganzjährig	12–18	1–3 Monate
Aloë	ganzjährig	20–26	1–6 Monate
Inkalilie *(Alstroemeria)*	ganzjährig	18–22	1–6 Monate
Amaryllis *(Hippeastrum)*	ganzjährig	20–25	3–10 Wochen
Kronenanemone *(Anemone coronaria)*	Febr.–April	10–15	3–4 Wochen
Zierspargel *(Asparagus)*	ganzjährig	22–24	4–7 Wochen
Begonie *(Begonia)*	ganzjährig	20–22	2–3 Wochen
Bromelien	ganzjährig	22–26	3–12 Wochen
Blauglöckchen *(Browallia)*	II–V	12–22	1–2 Wochen
Pantoffelblume *(Calceolaria)*	VIII–X	18–22	2–3 Wochen
Zylinderputzer *(Callistemon)*	ganzjährig	14–18	1–2 Monate
Ampelglockenblume *(Campanula)*	I–III	15–18	2–3 Wochen
Zierpaprika *(Capsicum)*	I–III	20–24	2–4 Wochen
Kreuzkraut *(Cineraria)*	VII–X	16–18	8–10 Tage
Clivie *(Clivia)*	ganzjährig	25–30	1–3 Wochen
Buntnessel *(Coleus)*	ganzjährig	20–24	2–3 Wochen
Kaffeebaum *(Coffea)*	ganzjährig	25–28	6–8 Wochen
Alpenveilchen *(Cyclamen)*	XI–Anf. II	15–17 (nicht über 18)	3–6 Wochen
Papyrus *(Cyperus)*	ganzjährig	20–25	3–4 Wochen
Baum-Tomate *(Cyphomandra)*	ganzjährig	22–26	2–4 Wochen
Stechapfel *(Datura)*	I–V	20–24	2–6 Wochen
Drachenbaum *(Dracaena)*	ganzjährig	22–26	1–4 Monate
Korallenbaum *(Erythrina)*	ganzjährig	20–24	3–5 Wochen
Eukalyptus *(Eucalyptus)*	ganzjährig	22–26	2–3 Wochen
Blaues Lieschen *(Exacum)*	XII–V	18–22	2–3 Wochen

Erde	Besondere Bemerkungen
sandig	keimt leicht, aber unregelmäßig
sandig	vorquellen, 4–6 Stunden in lauwarmem Wasser oder kurz überbrühen
sandig	feiner Samen, nicht bedecken, nur andrücken
sandig	großer Samen, unregelmäßiger Aufgang, mit 1–2 cm Abstand auslegen
sandig	keimt unregelmäßig, wie Kakteen behandeln
sandig	wie Kakteen behandeln
humos	vorquellen in warmem Wasser (12 Std.)
humos	vorquellen 2–3 Stunden, frisches Saatgut verwenden
durchlässig, kalkhaltig	Samen nicht bedecken, vorkühlen 1 Woche bei +4 °C, dann bei 10–15 °C
humos	48 Stunden vorquellen in handwarmem Wasser, frisches Saatgut verwenden
humos, durchlässig	keimfreie Erde verwenden, Samen nicht bedecken, nur andrücken, Gefäß mit Glas oder Folie abdecken, nach Aufgang sofort entfernen
torfhaltig, auf Rindenstücken	sehr feiner Samen, nicht bedecken, immer feucht halten! Wasser nur fein verteilt sprühen
humos	nur leicht bedecken, 4–5 Wochen nach Aufgang 3–5 Sämlinge in Töpfe pikieren
torfhaltig, humos	sehr feiner Samen, empfindlich gegen Düngersalze
sandig, auf feuchtes Leinentuch	sehr feiner Samen, luftig und immer gut feucht halten
lehmig, humos	den feinen Samen nicht bedecken, kühl weiter kultivieren
torfhaltig, humos	Lichtkeimer, Samen nicht bedecken
sehr locker, kalkhaltig	feiner Samen, wenig bedecken, nach Aufgang kühl und hell weiter kultivieren
lehmig, humos	nur frisches Saatgut verwenden
torfhaltig, humos	sehr feiner Samen, nicht bedecken
torfig, sehr locker pH 5–5,5	48 Stunden in handwarmem Wasser vorquellen, Samenschale anritzen oder vorsichtig entfernen, Samen nur andrücken, nicht bedecken, immer feucht halten
torfig, sehr locker	Samen ca. 1,5–2 cm hoch mit Erde bedecken, immer feucht und schattig halten, nach Pikieren bei 12–15 °C weiterkultivieren. Frischer Samen hat 3 Monate Keimruhe, vorquellen 1 Tag in handwarmem Wasser
humos, locker	sehr feiner Samen, nicht bedecken, immer reichlich feucht halten
humos, locker	1 Tag in lauwarmem Wasser vorquellen
humos	Samen 1–2 Tage vorquellen; keimt am besten in Töpfen von Zimmerpflanzen, die regelmäßig gegossen werden
sandig	unregelmäßige, verzögerte Keimung
humos, lehmig	1 Tag vorquellen
sandig	stauende Nässe vermeiden, zum Topfen sandige Erde verwenden
sandig, humos	stauende Nässe vermeiden

Pflanzenart	Aussaatzeit	Opt. Keimtemperatur [° C]	Keimdauer
Zimmeraralie *(Fatsia, Aralia)*	ganzjährig	18–22	2–4 Wochen
Gummibaum-Arten *(Ficus)*	ganzjährig	22–26	1–3 Monate
Fuchsie *(Fuchsia)*	I–V	20–24	1–3 Monate
Gerbera *(Gerbera)*	I–V	22–24	2–4 Wochen
Gesnerie *(Smithiantha)*	X–IV	22–24	2–3 Wochen
Gloxinie *(Sinningia)*	XII–II	24–28	2–3 Wochen
Australische Silbereiche *(Grevillea)*	ganzjährig	20–24	3–6 Wochen
Hibiskus, Eibisch *(Hibiscus)*	II–IV	22–26	2–4 Wochen
Palisanderbaum *(Jacaranda)*	ganzjährig	20–24	1–2 Monate
Flaschenbaum *(Jatropha)*	ganzjährig	18–22	1–2 Monate
Flammendes Käthchen *(Kalanchoe)*	I–V	18–22	2–3 Wochen
Kap-Myrte *(Lagerstroemia)*	XII–IV	18–22	2–3 Wochen
Schwammkürbis *(Luffa)*	III–IV	22–24	8–16 Tage
Sinnpflanze *(Mimosa)*	ganzjährig	20–22	2–3 Wochen
Fensterblatt *(Monstera)*	ganzjährig	22–25	2–3 Wochen
Banane *(Musa, Ensete)*	ganzjährig	25–28	3–10 Wochen
Oleander *(Nerum)*	ganzjährig	22–24	3–6 Wochen
Palmen	ganzjährig	25–28	1–6 Monate
Passionsblume *(Passiflora)*	ganzjährig	22–28	1–12 Monate
Baumfreund *(Philodendron)*	ganzjährig	22–27	2–12 Wochen
Eisenwurz *(Plumbago)*	ganzjährig	20–24	3–4 Wochen
Kissenprimel *(Primula acaulis)*	III–IV	10, später 18	3–4 Wochen
Primel *(Primula malacoides, Primula sinensis)*	VI–VII	15–18	9–15 Tage
Ranunkel *(Ranunculus)*	IX–X	10–15	14–20 Tage
Fingeraralie *(Schefflera)*	ganzjährig	20–24	3–4 Wochen
Bauernorchidee *(Schizanthus)*	IV oder X	16	2–3 Wochen
Eierbaum *(Solanum)*	II–IV	22–25	2–3 Wochen
Drehfrucht *(Streptocarpus)*	I–III	22–25	2–3 Wochen
Paradiesvogelblume *(Strelitzia)*	ganzjährig	22–26	1–6 Monate

Erde	Besondere Bemerkungen
torfig, locker	nur frisches Saatgut verwenden
locker, sandig	Lichtkeimer, Samen nicht bedecken, bei lichtem Schatten aufstellen
locker, humos	den feinen Samen nicht bedecken, gut abgedeckt und feucht halten
torfhaltig, locker, humos	Lichtkeimer, Samen nicht bedecken, mit dem spitzen Ende nach unten einstecken, luftig, aber immer feucht halten
torfhaltig, locker	Lichtkeimer, den sehr feinen Samen nicht bedecken, feucht halten
torfhaltig, locker	den feinen Samen nur ganz leicht bedecken oder andrücken, benötigt hohe Luftfeuchte
locker, sandig	den Samen 1 Tag vorquellen, ca. 1 cm hoch mit Substrat bedecken
torfhaltig, humos	den Samen mit heißem Wasser überbrühen oder 1 Tag in lauwarmem Wasser vorquellen
sandig	den Samen 1 Tag vorquellen
sandig, locker	durchlässige Erde verwenden, verliert Blätter während der Ruhezeit
locker, humos	benötigt zur Blütenbildung Kurztagsbehandlung und Temperaturen über $10\,°C$
lehmig	benötigt lehmige Erde, nie austrocknen lassen
humos	ist dankbar für hohe Temperaturen ($25–30\,°C$) und regelmäßige Düngung
humos	beste Ergebnisse mit Direktsaat: 3 Samen/Töpfchen (8 cm Ø)
humos, locker	die ersten Blätter sind nicht geschlitzt
torfig, humos	nur frisches Saatgut verwenden, Samenschale anfeilen, 2–3 Tage in lauwarmem Wasser einweichen oder mit heißem überbrühen
sandig	feiner Samen, nur leicht bedecken, immer gut feucht halten
humos	niemals austrocknen lassen, Wurzeln erscheinen oft vor dem Trieb
sandig	Keimung sehr unregelmäßig, Sämlingspflanzen durch kräftigen Rückschnitt im Winter zum Blühen anregen
torfhaltig, locker	Lichtkeimer, benötigt hohe Luftfeuchte, keimt sehr unregelmäßig
sandig	Samen nur leicht mit Erde bedecken
torfhaltig	Samen nicht bedecken, er ist mit einem Hemmstoff umhüllt, vor der Saat in reichlich Wasser spülen oder 2 Stunden vorquellen
torfhaltig	zu hohe Temperaturen hemmen die Keimung, immer feucht und schattig halten, salzempfindlich, daher immer nur schwach düngen
torfhaltig, durchlässig	über $16\,°C$ Keimhemmung, hoher Nährstoffbedarf, nach dem Pikieren immer feucht halten, kühl weiter kultivieren ($7–10\,°C$), Samen nicht bedecken
humos	eignet sich gut zur Bonsai-Kultur
humos	für Winterkultur Herbstaussaat, auch gute Sommerblume, kühl kultivieren
sandig	Lichtkeimer, Samen 2–3 Stunden vorquellen
humos	Lichtkeimer, sehr feiner Samen, andrücken und schattig halten
Sand	Samenschale vorsichtig entfernen, 2 Tage quellen in lauwarmem Wasser, in feuchten Sand legen, nach Wurzelentwicklung verpflanzen

Pflanzen regenerieren sich: Vegetative Fortpflanzung

Wie wäre es mit einem kleinen Experiment? Stecken Sie einen frischen Weidenstab in die Erde und Sie werden sehen: ein kleines Wunder geschieht. Schon nach kurzer Zeit ist aus dem Stock eine neue Pflanze entstanden – mit Wurzeln und neuen Trieben. Ganz so einfach gelingt dies allerdings nicht bei allen Pflanzen, denn jede entwickelt ihre Eigenarten. Im Gegensatz zu Tieren und Menschen können sich Pflanzen aus verschiedenen Teilen wie Trieben, Wurzeln, Rhizomen, Blättern und Stielen vermehren, damit ihre Art fortpflanzen und schwierige Zeiten überstehen. Gärtner haben längst die Methoden und die jeweiligen Pflanzenteile herausgefunden, mit denen dies gelingt.

Am besten regenieren sich »Mutterpflanzen«, die noch jung und kräftig sind, in vollem Wachstum und die noch keinen Samen angesetzt haben. Dann nämlich hat die Pflanze einen Teil ihres Fortpflanzungsauftrages bereits erfüllt und beginnt zu altern. Warme Temperaturen regen die Zellbildung an, Ruhezeiten schränken den Erfolg ein. Mutterpflanzen müssen richtig ernährt sein und vor allem frei von Schädlingen und Krankheiten. Bei vielen Pflanzen wie z.B. Erdbeeren, Nelken, Geranien, Chrysanthemen sind Viren ein großes Problem. Sie kommen in allen Pflanzenteilen vor und werden bei der Vermehrung weitergereicht.

Gewebekulturen

Virosen zählen zu den wichtigen Gründen, weshalb viele Pflanzen heute in Steril-, in-vitro- oder Meristemkulturen unter keimfreien Bedingungen im Labor vermehrt werden. Diese Methode nützt die Fähigkeit der Pflanzen, sich aus kleinsten Teilen bis hin zur einzelnen Zelle zu regenerieren. Mit einem scharfen Messer (Skalpell) werden im Labor winzige Pflanzenteile aus dem nur 1,5–2 mm starken Vegetationskegel, dem Meristemgewebe, entnommen. Nur hier im Wachstumszentrum sind die Zellen der mit hoher Wärme zum Wachsen angeregten Mutterpflanzen noch nicht von Viren oder Bakterien befallen. Unter sterilsten Bedingungen auf speziellem Nährsubstrat multiplizieren sich die Zellhäufchen rasch, bilden innerhalb von 3–4 Wochen einen Kallus und daraus später Wurzeln. Gleichzeitig werden eine Vielzahl von Sprossen und damit neue Pflänzchen sichtbar, die man im Labor weiter teilt und separiert. Ausgangspunkt kann Gewebe sein, das aus den verschiedensten Pflanzenteilen stammt: aus Blattstielen, Blättern, Blüten, Knollen, Wurzelspitzen, ja sogar aus Staubgefäßen (Antheren) und Narben. Bei hoher Luftfeuchte sieht man Wurzeln und Sprossen entstehen. Danach kommt für die Pflanzenbabys eine kritische Phase, der Übergang vom sterilen Labor in die Erdkultur. Methoden der Gewebekultur sind weit verbreitet. Ohne sie wären die preisgünstigen Angebote an prächtigen blühenden Orchideen nicht denkbar. Auch

Aus jeder Zelle wird ein neues Pflänzchen.

viele Stauden, Lilien, Grünpflanzen, Rosen, Palmen und neue Zierpflanzen-Züchtungen werden so auf schnelle Weise weitervermehrt. Alle Eigenschaften der Mutterpflanze finden sich bei dieser verfeinerten Stecklingsvermehrung in den Nachkommen (Klonen) wieder. Da mit hohem Aufwand verbunden, wird die Gewebekultur jedoch noch für längere Zeit eine Domäne der Berufsgärtner und spezieller Labors bleiben. In den folgenden Kapiteln finden Sie die wichtigsten vegetativen Vermehrungsmethoden beschrieben. Alle anhand eines Beispieles, Schritt für Schritt – es wird Ihnen nicht schwerfallen, sie nachzuvollziehen.

Stecklingsvermehrung

Bei der am meisten praktizierten Vermehrungsart entnimmt man der Pflanze an Triebspitzen, Trieben oder Zweigen geeignete Teile und bringt sie in einem geeigneten Medium zur Bewurzelung. Es soll keine Nährstoffe enthalten, sondern die Wurzelbildung herausfordern. Neben dem üblichen Gemisch aus feinem Torf und Sand im Verhältnis 1:1 oder 2:1 bewurzeln einige Pflanzen auch in wasserhaltenden Dämmstoffen wie Perlit, Vermiculit, Ziegelgrus und Splitt oder sogar im Wasserglas. Die meisten Pflanzen erfordern jedoch etwas mehr Aufwand. Es hängt von der jeweiligen Art und mitunter sogar von der Sorte ab, welche Pflanzenteile

Balkonpflanzen wurzeln leicht.

am leichtesten bewurzeln. Meistens nimmt man dafür die Spitzen des Haupttriebes (daher die Bezeichnung »Kopfstecklinge«) oder der Seitentriebe. Bei der Zimmertanne und einigen Koniferen sind die Seitenäste jedoch auf waagerechtes Wachstum gepolt und die daraus entstehende Pflanzen auch – es kommt daher schon ein wenig aufs »Know how« an. Der Steckling soll in der Regel 3–4 Blätter oder Blattpaare besitzen, 4–6 cm lang und gut im Wuchs sein, also aktive, teilungsfähige Zellen besitzen. Stiel und Blätter sind dabei zwar schon voll entwickelt und nicht mehr taufrisch und zart, aber auch noch nicht verhärtet. Mit einem scharfen Messer führt man einen Schnitt dicht unter einem Blattknoten (Nodium) durch. Diese oft bauchig verdickte Stelle steckt voller Nährstoffe, die die Pflanze hier als Vorrat für das weitere Wachstum von Seitenzweigen, Blüten und Früchten deponiert hat. Jetzt muß der Steckling mit knappen Vorräten die nächsten Wochen überstehen, die Wunde verschließen und stark teilungsfähiges Kallusgewebe bilden, aus dem dann die Wurzeln hervorgehen.

Alles, was diesen Zweck hindert, wird daher entfernt, zum Beispiel Blüten, Knospen und Früchte. Große Blattflächen kann man kürzen, um die Verdunstungsfläche zu reduzieren

und auch die untersten beiden Blätter werden bis auf einen Stummel entfernt. Darüber gestäubtes Holzkohlenpuder desinfiziert die Schnittstelle und verhindert Fäulnis. Nun steckt man die künftige Pflanze 1–2 cm tief in das gut angefeuchtete Substrat, drückt von beiden Seiten fest an und braust mit feinem Strahl gründlich darüber. Bei Wärme und hoher Luftfeuchte kann dann die Bewurzelung beginnen.

Stecklinge im Wasserglas

Ähnlich einfach vollzieht sich die Stecklingsvermehrung im Wasserglas mit Pflanzen, die sehr schnell Wurzeln bilden. Gehölze wie Forsythien und Weiden gehören dazu, vor allem aber Zierpflanzen wie Oleander, Fließiges Lieschen, Efeu, Baumfreund und einige Begonien.

Beispiel: Strauchbegonie

1. Ausgereifte Kopfstecklinge von Strauchbegonien *(Begonia corallina)* lassen sich das ganze Jahr über leicht im Torf-Sand-Gemisch, aber auch in reinem Leitungswasser bewurzeln. Man schneidet sie mit einem scharfen Messer knapp unter einem Blattknoten so ab, daß der Trieb über 2–3 Blätter verfügt. Das untere Blatt läßt sich dicht am Stiel entfernen. Die Schnittfläche bleibt ständig ins Wasser getaucht, das durch Holzkohlestückchen keimfrei gehalten wird.

2. Innerhalb von 3–4 Wochen bilden sich bei Zimmertemperaturen von 20–24° C Wurzeln. So gewonnene Jungpflanzen topft man in nährstoffarme, humose Erde in Töpfe von 10–12 cm Durchmesser, gießt sie gut an und hält die Pflanzen während des Anwachsens schattig.

3. Wer will, kann durch Entfernen der unteren Seitentriebe und mehrfaches Stutzen in 30–40 cm Höhe ein Bäumchen ziehen, das nahezu ganzjährig mit großen rosa Trauben blüht.

Von 5 Blättern werden zunächst 2 entfernt.

Auf gleiche Art lassen sich vermehren:

Begonienarten *(Begonia)*
Brutblatt *(Bryophyllum)*
Blaue Fächerblume
(Scaevola)
Buntnessel *(Coleus)*
Baumfreund *(Philodendron)*
Efeutute *(Epipremnum)*
Raphidophora
Efeu *(Hedera)*
Fleißiges Lieschen und Edellieschen *(Impatiens walleriana* und *-Neu-Guinea-*
Hybriden)
Flammendes Käthchen
(Kalanchoë)
Oleander *(Nerium)*
Usambaraveilchen *(Saintpaulia)*
Zimmerlinde *(Sparmannia)*
Dreimasterblume *(Tradescantia)*

Schnelle Wurzelbildung im Wasser.

Strauchbegonien (*Begonia corallina*) eignen sich gut zur Stecklingsvermehrung.

Krautige Kopfstecklinge

Viele Gattungen können mit relativ weichen Blättern und krautartigem Wuchs aufwarten. Entsprechend groß ist die Liste der Zierpflanzen, Kräuter und Gemüse, die sich nach dieser häufigsten Vermehrungsmethode bewurzeln lassen. Sie greift auf die meistens zahlreich vorhandenen Triebenden zurück,

die 3–4 voll entwickelte Blätter oder Blattpaare besitzen sollten. In diesem Stadium beginnen die Stiele schon leicht zu verholzen, das Gewebe ist aber noch sehr teilungsfreudig. Ein gut geschärftes Messer oder eine Rasierklinge eignen sich für den Schnitt dicht unter einer Blattachsel. Man arbeitet dabei möglichst zügig und ohne die Zellen zu quetschen. Die Wundstelle soll möglichst klein und sauber sein, damit es keine Fäulnis gibt. Zumindest die unteren Blätter kann man einkürzen. Das bringt weniger Verdunstungsfläche, außerdem kann man enger stecken. Gleichzeitig steht eine Schale, ein Blumentopf oder ein Kistchen mit feuchtem Torf-Sand-Gemisch (1:1) bereit, das bis an den Rand gefüllt und dann mit leichtem Druck mittels eines Brettchens oder mit dem Handrücken verfestigt wird. Dieses Substrat regt mit seinen Huminsäuren, einer guten Durchlüftung, mit Feuchtigkeit und Nährstoffarmut zur Wurzelbildung an.
Die meisten Stiele der Stecklinge sind weich. Damit sie sich nicht verletzen, ebnet ein hineingedrückter Stab den Weg – nicht allzu tief: 0,5–1 cm, bei größeren Pflanzen auch 2 cm sind genug.
Geranien, Christusdorn, Kakteen und anderen Sukkulenten faulen leicht – ihnen bekommt es gut, wenn die Schnittstellen an der Luft einen halben Tag lang antrocknen, bevor man sie steckt.

Beispiel: Fuchsien

1. Bei unserem Beispiel Fuchsien ist das anders. Sie welken schnell und sollten daher nach dem Schnitt zügig verarbeitet und gesteckt werden. Knospen in den Blattachseln würden nur stören. Sie werden daher entfernt.

2. Im Abstand von ca. 3 cm finden Steckling nach Steckling im weichen Substrat ihren Platz, erhalten mit leichtem Druck der Finger Anschluß. Wichtig ist das abschließende Angießen mit einer sanft rieselnden Brause. Dadurch schmiegen sich die Sandkörner dicht an den Stiel und geben dem Steckling festen Kontakt.

3. Für die nächsten 3–4 Wochen bis zur Wurzelbildung dürfen die Stecklinge nicht mehr welken. Ein geschützter Standort ohne Zugluft und mit sehr hoher Luftfeuchte sind ideal. Wer kein Gewächshaus hat, hilft sich mit einem »Zimmergewächshaus«, einer Schale mit glasklarer Kunststoffhaube. Sehr gut haben sich auch transparente Folien bewährt, zum Beispiel eine Frischhaltefolie, die man über die Stecklinge zieht. Auch in einer genügend großen, sauberen Plastiktüte entwickelt sich eine hohe Luftfeuchte. Einige hineingestochene Löcher sorgen für einen gewissen Luftaustausch. Ansonsten ist diese primitive Vorrichtung pflegeleicht: Bis zum Bewurzeln braucht meistens nicht gegossen zu werden.

4. An einem hellen, aber nicht sonnigen und 22–24°C warmen Platz bewurzeln Fuchsien schnell. Bis zur ersten Kontrolle, ob schon ein Erfolg sichtbar ist, entfällt damit wahrscheinlich das Gießen.

5. Sind genügend Wurzeln gebildet, kann man in leicht nährstoffhaltige Erde (Pikiererde) eintopfen.

Die schönen Fuchsien bewurzeln innerhalb von 3–4 Wochen.

Auf die gleiche Weise lassen sich vermehren:

**Zimmer- und Balkon-
pflanzen:**
Schönmalve *(Abutilon)*
Fuchsschwanz *(Acalypha)*
Schiefteller *(Achimenes)*
Leberbalsam *(Ageratum)*
Papageienblatt *(Alternan-
thera)*
Scheinrebe *(Ampelopsis)*
Zimmertanne *(Araucaria,* nur
Triebspitzen)
Strauchmargerite *(Argyran-
themum)*
Seidenpflanze *(Asclepias)*
Goldtaler *(Asteriscus)*
Bacopa *(Sutera)*
Begonienarten *(Begonia)*
Zimmerhopfen *(Beloperone)*
Goldfieber, Zweizahn *(Bidens)*
Blaues Gänseblümchen
(Brachycome)
Immergrün *(Cataranthus)*
Freiland-Pantoffelblume *(Cal-
ceolaria)*
Glockenblume *(Campanula)*
Buntnessel *(Coleus)*
Königswein *(Cissus)*
Zigarettenblümchen
(Cuphea)
Doppelsporn *(Diascia)*
Mittagsgold *(Gazania)*
Efeu *(Hedera)*
Sonnenwende *(Heliotropium)*
Roseneibisch *(Hibiscus)*
Edellieschen *(Impatiens-Neu-
Guinea-Hybriden)*
Fleißiges Lieschen*(Impatiens
walleriana)*
Jasmin *(Jasminum)*
Flammendes Käthchen
(Kalanchoë)
Wandelröschen *(Lantana)*

Löwenohr *(Leonotis)*
Goldfelberich *(Lysimachia)*
Oleander *(Nerium)*
Kapmargerite *(Osteosper-
mum)*
Geranien, Pelargonien *(Pelar-
gonium)*
Duftgeranien *(Pelargonium)*
Pfeffergesicht *(Peperomia)*
Hängepetunien *(Petunia)*
Baumfreund *(Philodendron)*
Kanonierblume *(Pilea)*
Mottenkönig *(Plectranthus)*
Bleiwurz *(Plumbago)*
Schefflera
Blaue Fächerblume *(Scae-
vola)*
Sommerefeu *(Senecio)*
Zimmerlinde *(Sparmannia)*
Veilchenbaum *(Tibouchina)*
Dreimasterblume *(Trades-
cantia)*
Eisenkraut *(Verbena)*

Stauden und Gehölze
Gelbes Steinkraut *(Alyssum)*
Säckelblume *(Ceanothus)*
Spornblume *(Centranthus)*
Hornkraut *(Cerastium)*
Chrysantheme *(Dendran-
thema)*
Rittersporn *(Delphinium)*
Feinstrahlaster *(Erigeron)*
Enzian *(Gentiana)*
Nelkenwurz *(Geum)*
Staudenschleierkraut *(Gyp-
sophila)*
Purpurglöckchen *(Heuchera)*
Sonnenbraut *(Helenium)*
Sonnenröschen *(Helianthe-
mum)*
Sonnenauge *(Heliopsis)*

Wasserfeder *(Hottonia)*
Goldnessel *(Lamiastrum)*
Bitterwurz *(Lewisia)*
Blutweiderich *(Lythrum)*
Minze-Arten *(Mentha)*
Indianernessel *(Monarda)*
Katzenminze *(Nepeta)*
Nachtkerze *(Oenothera)*
Knöterich *(Polygonum)*
Fingerkraut *(Potentilla)*
Azaleen *(Rhododendron
simsii)*
Sonnenhut *(Rudbeckia)*
Seifenkraut *(Saponaria)*
Witwenblume *(Scabiosa)*
Fetthenne *(Sedum)*
Immergrün *(Vinca)*

Kräuter
Basilikum
Bergbohnenkraut
Brunnenkresse
Eberraute
Estragon, französischer/
deutscher
Lavendel
Rasenkamille, englische
Römische Kamille
Salbei-Arten
Thymian
Oregano
Ysop
Weinraute
Zitronenmelisse

Gemüse
Gurken
Kohlarten
Meerkohl
Tomaten

Nicht ganz einfach zu halten, aber reizvoll, sind Citrusgewächse.

Leicht verholzende Kopfstecklinge

Während viele Stecklinge von relativ weichem Gewebe gewonnen werden und demgemäß auch schnell bewurzeln, stellen andere höhere Ansprüche an die Kunst des Gärtners. Darunter zählen vor allem zahlreiche schöne Kübelpflanzen aus den südlichen Ländern, aber auch Gehölze. Hohe Lichteinstrahlung und Sommerhitze haben ihren Blättern und Trieben eine harte Konsistenz verliehen, die die Verdunstung einschränkt und ihnen unter wüstenähnlichen Bedingungen das Überleben gestattet. Während die weichen Kopfstecklinge durch Fäulnis gefährdet sind, hat diese Gruppe Schwierigkeiten, überhaupt zu bewurzeln. Zumindest brauchen ihre Triebspitzen dazu erheblich mehr Zeit und müssen über Monate hinweg feucht gehalten

werden. Gartenbaubetriebe setzen dafür Sprühnebel ein, den speziell konstruierte feine Prall-Düsen mit hohem Druck erzeugen. Durch die für die Pflanzen streßfreie Dauerbenetzung setzt die Bewurzelung früh ein, außerdem gibt es kaum Fäulnis. In Frühbeetkästen oder in Gewächshäusern entstehen auf diese Weise Millionen von Jungpflanzen. Auch versierte Hobbygärtner können sich derartige Anlagen bauen.
In der Regel jedoch wird man sich mit einer Folienüberspannung der Kisten begnügen müssen, in denen die Stecklinge untergebracht sind.
Das Gießen mit kohlensäurehaltigem Mineralwasser fördert die Bewurzelung und anschließend, wie eine Düngung, auch das Wachstum junger Pflanzen. Auch luftige, durchlässige Steinwollewürfel als Vermehrungssubstrat und Bewurzelungshormone wie Rhizopon AA und Seradix 2 beschleunigen und

sichern die Vermehrung von halbharten Kopf-, Augen- und Stengelteilstecklingen. Besonders bewährt hat sich das bei Zitrusgewächsen. Längst nicht alle Mitglieder dieser wichtigen Pflanzenfamilie reagieren auf Stecklingsvermehrung. Das übliche Verfahren ist nämlich die Anzucht von Unterlagen der Wildzitrone *(Poncirus trifoliatus)*, die nur bittere Früchte hervorbringt. Der wüchsige Wildling schlägt auch durch, wenn man Samen wohlschmeckender Früchte aussät. Erst durch die schwierige Spalt- oder Augenpfropfung von geeigneten, ausgereiften Reisern entstehen die fruchtenden Orangen-, Mandarinen-, Grapefruit- und Zitronenbäumchen.

Beispiel: Zitronenbäumchen

Zitronen (und weniger gut auch Orangen, Kumquat und Mandarine) lassen sich auch im Frühsommer relativ leicht vegetativ aus verhärtenden Kopfstecklingen mit 2–3 Blattpaaren vermehren.

1. Dicht unter einem geeigneten Blattknoten wird mit scharfem Messer ein Schnitt durchgeführt.
2. Anschließend taucht man die Schnittstelle in Hormonpuder oder Hormonpaste. Was zuviel ist, wird abgestreift.
3. Die Stecklinge werden nun in Torf-Sandgemisch (1:1) gesteckt

Auf gleiche Art lassen sich vermehren:

Kübelpflanzen:
Apfelsine *(Citrus)*
Bougainvillea *(Bougain-villea)*
Chinotto
Erdbeerbaum *(Arbutus)*
Feigen *(Ficus)*
Grapefrucht *(C. paradisi)*
Kumquat *(Fortunella)*
Limette *(C. limetta)*
Mandarine *(C. reticulata)*
Olive *(Olea)*
Orangenblume *(Choysia)*
Pomeranze *(C. aurantium)*

Obst
Kiwi *(Actinidia)*

Ziergehölze
Azaleen
Rhododendron
Rosen

und bei 20–22°C (nicht mehr) an der verletzten Stelle zur Bildung von Kallus angeregt. In Steinwollblocks (in Abmessungen von 4 × 5 cm oder 4 × 8 cm erhältlich) gelingt häufig sogar die Wurzelbildung bei Stecklingen von Orangen und Grapefrucht, die sonst als nahezu unmöglich gilt.

4. Die Kallusbildung dauert 5–7 Wochen und nach weiteren 2–3 Wochen sind Wurzeln entstanden. Man kann die jungen Pflanzen nun in Töpfe setzen und bei warmen, leicht feuchten Bedingungen weiterkultivieren. Zitronen können schon im 2. Jahr Früchte ansetzen.

So machen es die Italiener: Abmoosen mit Konservendosen.

Blattstecklinge

Hauptsächlich bei der Familie der Begoniengewächse kann man die erstaunlichsten Vermehrungsmethoden finden. Schöne Blattbegonien wie die ausdrucksvollen *Begonia masoniana* oder die schillernden Königsbegonien (*Begonia* 'Rex') regenerieren sich aus kleinsten Blattstückchen, sofern darin nur die hochsensiblen Blattnerven und Blattadern mit ihren Leitungsbahnen enthalten und durch einen Schnitt verletzt sind.

Die Vermehrung gelingt nur bei voll ausgewachsenen, aber noch nicht verhärteten Blättern, die eine Weile unter hoher Luftfeuchte und bei hohen Temperaturen von 25–26 °C überleben können. Es gibt mehrere Methoden, die zum Erfolg führen können.

Beispiel: Begonie

1. Man legt ein ausgewachsenes, gesundes Blatt von *Begonia* 'Rex', *Begonia boweri* oder auch *Begonia masoniana* mit der Blattzeichnung nach unten und bringt dabei mit einem scharfen Messer oder einer Rasierklinge an Verzweigungen der Blattnerven Einschnitte vor. Insgesamt bleibt das so präparierte Blatt jedoch erhalten und wird mit der Zeichnung nach oben auf das angefeuchtete Vermehrungssubstrat gelegt.
2. Kleine Steine oder andere Gewichte drücken das Blatt auf das sauber vorbereitete Torf-Sand-Gemisch und sorgen für den nötigen Kontakt. Hohe Luftfeuchte (mit einer Glasplatte abdecken oder Folie darüberspannen) läßt bald an den verletzten Stellen feine neue Wurzeln entstehen.
3. Erst jetzt trennt man die Blätter auseinander und topft die so entstandenen Pflänzchen in humoses Substrat.

Blatteilstecklinge

Bei *Begonia masoniana* und Blattkakteen hat sich das Verfahren der Blatteilstecklinge sehr gut bewährt. Wieder müssen die verwendeten Blätter voll ausgereift, nicht überaltert und gesund sein.

Begonien sind vermehrungsfreudig.

Aus einem Blatt kann man viele Stecklinge gewinnen.

Beispiel: Begonie

1. Ohne jede Rücksicht auf den Verlauf der Blattnerven werden mit einer Rasierklinge oder einem sehr scharfen Messer (Skalpell) kreuz und quer Schnitte durchgeführt.
2. Es entstehen quadratische oder längliche Blattstücke, von 2–3 cm Größe, die man senkrecht in Vermehrungssubstrat steckt oder darauf auslegt.
3. An den verletzten Stellen erscheinen nach einigen Wochen Wurzeln und Triebe. Statt der quadratischen kann man auch dreieckige Blattstücke schneiden, die jeweils verletzte Blattadern besitzen müssen.

Beispiel: Kakteen

Säulenkakteen und Blattkakteen (Phyllokakteen) bilden an den verletzten Stellen ebenfalls Wurzeln und später auch Triebe.
1. Ein langes, gesundes Blatt wird mit Querschnitten in 3–6 cm lange Stücke zerteilt.
2. Man läßt die Schnittstellen an der Luft einige Stunden lang antrocknen und steckt die Teile dann leicht schräg in eine Kiste mit Vermehrungssubstrat. Angießen nicht vergessen!
3. Bei »gespannter Luft« setzt nach 3–4 Wochen die Wurzelbildung ein und kurz danach auch an den Seiten der Blattstecklinge Augenknospen mit neuen Trieben.

Auf gleiche Art zu vermehren:

Christusdorn *(Euphorbia milii)*
Bogenhanf *(Sansevieria)*, nur grüne Sorten

Blattrippenstecklinge

Einige wenige Pflanzenarten, vor allem unter den Gesnerien-gewächsen, besitzen fleischige Blätter voller Nährstoffe. Durch Wunden an Blattnerven und Leitungsbündeln bilden sich in üppigem Maße Kallus und bald darauf auch neue Pflanzen.

Beispiel: Drehfrucht

Ein gutes Beispiel dafür, wie sich mit wenig Aufwand viele Pflanzen gewinnen lassen, bietet die Blattrippenmethode bei der schönen Zimmerpflanze Dreh-frucht *(Streptocarpus)*.

1. Der Pflanze wird ein aus-gereiftes, weich behaartes läng-liches Blatt entnommen. Mit einer Rasierklinge durchtrennt man entlang der Blattrippen die Blattnerven.

2. Die Mittelrippe hat ihren Zweck damit erfüllt. Die beiden Blatthälften jedoch steckt man in ein lockeres, feuchtes Torf-Sandgemisch, jeweils 1–1,5 cm tief und drückt von beiden Sei-ten fest an. Auch das Angießen mit einer feinen Brause wird vorsichtig durchgeführt, damit die Hälften nicht umkippen.

3. Hohe Luftfeuchte und Tem-peraturen von 22–26° C bei

Die Drehfrucht ist besonders leicht zu vermehren.

gespannter, feuchter Luft lassen bald feine Wurzeln und zahlreiche neue Knospen entstehen, aus denen sich neue Pflanzen entwickeln. Gleichmäßige Wärme durch eine untergelegte Heizmatte oder eine regelbare Bodenheizung sind so wichtig wie absolute Sauberkeit, damit nichts fault.

4. Erst nach 4–6 Wochen, wenn zahlreiche Jungpflänzchen zu erkennen sind, wird das Blatt durchgeteilt, die Jungpflanzen eingetopft.

Auf den Blättern der »Henne mit Kücken« bilden sich neue Pflanzen.

Lebendgebärende Pflanzen

Blattembryos, also die Bildung fertiger Jungpflanzen auf Blättern, sind eine Besonderheit der Natur, die sowohl bei Farnen im Freiland und im Gewächshaus vorkommt (z.B. bei *Asplenium bulbiferum*) als auch bei Gemüsen (Luft- oder Etagenzwiebel) und bei Zierpflanzen wie dem Brutblatt *(Kalanchoë daigremontiana* und *Kalanchoë laxiflora)*. Dabei entwickeln sich fertige Pflanzen schon auf der Mutterpflanze, bilden Wurzeln und fallen dann zu Boden. Besonders gut zu erkennen ist dies bei der gelbgrün pana-

schierten Blattpflanze »Henne und Küken« *(Tolmiaea menziesii)*. In den herzförmigen Einschnitten der Blätter bildet sie Knospen und neue Pflanzen. Man kann die Blätter das ganze Jahr über abnehmen und in Töpfchen mit sandigem Substrat stecken. Eventuell leicht beschweren. Nach kurzer Zeit haben sich Wurzeln gebildet.

Blattstielstecklinge

Einige Pflanzen sind in der Lage, sich auf relativ einfache Weise aus Blättern zu vermehren, wobei der Stiel einen Kallus bildet und später an dieser Stelle Wurzeln entwickelt. Hierfür genügen oft schon wenige Millimeter Stiel, um Wurzeln und Sproßteile entstehen zu lassen. Bei einigen Gehölzen wie z.B. Kamelien, hat es sich bewährt, die Stiele abzureißen, so daß noch ein Teil des Stammgewebes anhaftet und mit ihm auch viele der Nährstoffe, die die Pflanze am Nodium eingelagert hat.

Zur Vermehrung eignen sich voll entfaltete, gerade ausgewachsene Blätter. In diesem Stadium sind sie gut mit Nährstoffen versorgt. Die Zellen sind noch voll regenerationsfähig. Zu junge Blätter könnten dagegen faulen.

Blattstielstecklinge brauchen nicht viel Platz. Deshalb greifen Gärtner und auch Hobbygärtner gerne auf diese einfache Methode zurück. Leider reagieren nicht allzuviele Pflanzenarten darauf. Die meisten von ihnen sind Zimmerpflanzen und können fast ganzjährig vermehrt werden wie z.B. das Pfeffergesicht *(Peperomia)* oder das bekannte Usambaraveilchen *(Saintpaulia ionantha).*

Usambaraveilchen in vielen Farben.

Beispiel: Usambara-Veilchen

1. Gesunde und ausgewachsene Blätter aus dem Randbereich der rosettenartigen Pflanzen sind zum Vermehren gut geeignet. Jüngere Blätter aus dem Inneren können leicht faulen. Die Pflanze nimmt die Verjüngungskur nicht übel, ganz im Gegenteil – wenn sie bei dieser Gelegenheit noch neue Erde bekommt und geteilt wird (immer nur 1 Blattrosette pro Topf), wird sie bald wieder üppig blühen. Die fleischigen Blattstiele werden zunächst abgebrochen und danach mit einem scharfen Messer auf 2–3 cm Stiellänge eingekürzt.
2. Torf-Sand-Gemisch oder ein sauberes nährstoffarmes Substrat (z.B. Perlite oder eine sandige, humusreiche Erde) sind zum Bewurzeln gut geeignet. Sogar in reinem Wasser würden Usambaraveilchen Wurzeln entwickeln. Man steckt die Blattstiele etwa 1 cm tief ein, drückt mit Substrat gut an und sorgt mit feinem Wasserstrahl aus der Brause für Bodenschluß. Eine Anordnung der Blätter rings um den Rand eines Topfes ist günstig und hat sich bewährt.
3. Im Gewächshaus kann man das Gefäß mit den Stecklingen mit einem dünnen Vlies überdecken. Das schränkt die Verdunstung ein und fördert die Bewurzelung. Eine transparente Plastiktüte, über den Topf gestülpt, erfüllt im Zimmer den gleichen Zweck. Einige Löcher zur Entlüftung nicht vergessen!

Neues Leben aus Blattstielen.

4. Bei 22–24°C bilden sich am Kallusgewebe der Wunde nach 2–3 Wochen schon die ersten Wurzeln. Bei vorsichtigem Anheben merkt man dies deutlich. Weitere 3–4 Wochen dauert es und dann lugen auch schon die ersten Blättchen hervor. Wenn sie groß genug sind, kann man sie in humusreiches, gedüngtes Substrat setzen. Wichtig: Bis zur ersten Blüte dauert es nur wenige Monate. Reiche Blüten entwickeln sich allerdings nur, wenn die Pflanzen einzelne Rosetten bilden können. Daher werden die oft zu mehreren sprießenden Jungpflanzen sofort geteilt und separat eingepflanzt. Das alte Blatt läßt sich übrigens nochmals zum Bewurzeln verwenden.

Auf die gleiche Art lassen sich vermehren:

Lorraine-Begonien *(Begonia)*
Kamelien *(Camellia)*
Osterkaktus *(Rhipsalidopsis)*
Gliederkakteen *(Epiphyllum)*
Flammendes Käthchen
    (Kalanchoë)
Sonnentau *(Drosera)*
Pfeffergesicht *(Peperomia)*
Hirschzungenfarn *(Phyllitis)*
Moosfarn *(Selaginella)*
Felsenteller *(Ramonda)*

Durch Stengelteilstecklinge lassen sich Rosen vermehren.

Augen- und Stengelteilstecklinge

Besonders viele Stecklinge liefern die Stiele von Pflanzen, bei denen sich die Blühzone wie bei den Rosen im Laufe einer Vegetationsperiode immer weiter in die Höhe schiebt, oder Hängepflanzen. Meistens sind in den Nodien für die Verzweigung viele Nährstoffe gespeichert, die bei der Entwicklung neuer Pflanzen helfen. Ein solches Gewebe, obwohl schon fester geworden, kann leicht regenerieren und Wurzeln und Sprosse hervorbringen. Ohnehin hat die Pflanze in den Blattachseln »schlafende Augen« angelegt, also Verzweigungen und Triebe, die bei Bedarf austreiben können.

Vielfach ist auch die Triebspitze zu jung oder zu weich, so daß die nachfolgenden Stengelteile mit jeweils 1 oder – bei paarig angeordneten Blättern – 2 Augen bessere Ergebnisse bringen. Die Blätter werden im allgemeinen belassen, allenfalls kann man zum besseren Stekken das untere Blatt entfernen.

Beispiel Rosen

Längst nicht alle Rosen werden veredelt. Neben der Aussaat (für Wildlinge und Wildarten) ist die Vermehrung durch Augenstecklinge eine gängige Vermehrungsart. »Wurzelechte« Rosen sind zum Beispiel alle Topfrosen für das Zimmer und einige Sorten von Freilandrosen, bei denen auf diese Weise bessere Wuchs- und Blüheigenschaften erzielt werden können.

Auch für den Hobbygärtner bietet die Stecklingsvermehrung Vorteile. Zum Beispiel kann man sich eine besonders interessante Sorte mit Material aus einem Rosenstrauß heranziehen. Es ist jedoch möglich, daß im Freiland auch einige Nachteile sichtbar werden wie z.B. geringere Frosthärte, veränderte Wuchseigenschaften, schlechterer Wuchs auf manchen Böden.

1. Ein bereits verholzender Stiel wird mit Schnitten dicht unter einem Blattknoten in Stücke mit jeweils 1-2 Augen unterteilt.
2. Die Stecklinge bewurzeln, 1–2 cm tief gesteckt, in feuchtem, ungedüngtem Torf oder Torf-Sand-Gemisch. Für den Hausgebrauch sind Töpfe empfehlenswert, in denen ein oder mehrere Stecklinge für einige Zeit ungestört bewurzeln und heranwachsen können. Manche Sorten bewurzeln besser, wenn man die Schnittstellen in Hormonpuder taucht und leicht wieder abklopft, so daß nur ein Hauch davon hängen bleibt. Hohe Luftfeuchtigkeit und Temperaturen um 22–24°C sind Voraussetzungen für eine schnelle Bewurzelung. Man kann dafür ein Glas oder eine transparente Folie überstülpen oder in größeren Kulturen Tauwaagen oder Folienkonstruktionen einsetzen.
3. Schon nach 2–3 Wochen haben sich die ersten Wurzeln gebildet, nach weiteren 2–3 Wochen kann man in leicht gedüngtes Substrat verpflanzen.
4. Bei Topfrosen setzt die Blüte nach 3–4 Monaten ein.

So wird aus einer Rose ein neuer Rosenstrauch.

Auf gleiche Art lassen sich vermehren:

Goldtrompete *(Allamanda)*
Glanzkölbchen *(Aphelandra)*
Aukube *(Aucuba)*
Begonien, verschiedene Arten, z.B. Hängebegonien *(Begonia)*
Zylinderputzer *(Callistemon)*
Kamelien *(Camellia)*
Losbaum *(Clerodendron)*
Engelstrompete *(Datura)*
Dipladenie *(Dipladenia)*

Drachenbaum *(Dracaena)*
Birkenfeige *(Ficus benjamina)*
Gummibaum *(Ficus elastica)*
Gardenie *(Gardenia)*
Eibisch *(Hibiscus)*
Wachsblume *(Hoya)*
Hornklee *(Lotus)*
Passionsblume *(Passiflora)*
Pfeffergesicht *(Peperomia)*
Baumfreund *(Philodendron)*
Erbsenpflanze *(Senecio rowleyanum)*
Kranzschlinge *(Stephanotis)*

Stammstecklinge

Diese Methode wird angewandt
bei Zimmerpflanzen, die einen
dicken, fleischigen Stamm entwickeln. Bei den Freilandgehöl-
zen ist die ebenso einfache und
erfolgversprechende Steckholz-
vermehrung vergleichbar. Der
Stamm hat seine Blätter längst
verloren – die Spitze ist davon-
gewachsen und die Pflanze
braucht dringend einen Rückschnitt, um sich von unten wieder gut aufzubauen.
Aus dem Stamm lassen sich
wieder neue Pflanzen gewinnen.
Dies gelingt bei manchen Pflanzen wie der bekannten Yucca so
gut, daß die Stammstücke

**Stammstecklinge bewurzeln in
Erde rasch.**

nahezu problemlos weltweit
gehandelt werden.

Beispiel: Dieffenbachie

1. Mit einem scharfen Messer
teilen wir den Stamm dicht
unter einem Blattknoten in
2–3 cm lange Stücke. Wich-

tig: Sie müssen mindestens je
1 Auge enthalten.
2. Um Fäulnis zu vermeiden,
trocknen die Schnittstellen
einige Stunden lang an oder
werden mit Holzkohlenpuder
desinfiziert (von Grillkohle
abkratzen). Danach werden sie
1 cm tief in Torf-Sand-Gemisch
gedrückt, gründlich angegossen
und bei 22–26° C im Gewächshaus oder Zimmer konstant
feucht gehalten.
3. Das Bewurzeln gelingt meist
sehr rasch. Danach wird eingetopft und weiterhin warm kulti-
viert.

**Mit einem Schnitt unter der
Blattachsel gewinnt man
Stammstecklinge (links). Desinfi-
zieren mit Holzkohle (rechts).**

Abmoosen

Wie kürzt man eine zu groß gewordene Zimmerpflanze so ein, damit sie wieder ein gefälliges Aussehen erhält? Dies läßt sich auch mit Abmoosen lösen. Diese Methode ist üblich bei schwer bewurzelnden Gehölzen im Freiland und bei Zimmerpflanzen – auch bei solchen, die zu groß sind, um in einem Vermehrungsbeet unterzukommen oder wenn die Vermehrung hohe Temperaturen und Luftfeuchte im Gewächshaus erfordert. Sie schont die Mutterpflanze, erfordert allerdings einige Monate Zeit.

Mit einem Einschnitt quer zur Stammitte dicht unter einem Blattknoten wird die Wurzelbildung noch auf der Mutterpflanze angeregt. Erst wenn sich der Erfolg mit neuen Wurzeln zeigt, wird die endgültige Abtrennung vorgenommen. Das Abmoosen ist in südlichen Ländern eine gängige Methode, um von Zitrusgewächsen (Zitronen, Orangen, Mandarinen) Nachwuchs zu gewinnen.

Beispiel: Fensterblatt

1. Ein zu lang gewordener Trieb ist einzukürzen. Dicht unter einem Blattknoten wird der Stamm mit einem scharfen Messer bis zur Stammitte eingeschnitten. Die Pflanze versorgt sich über die restlichen Leitungsbahnen, gleichzeitig entsteht ein Nährstoffstau.
2. Ein Umwickeln mit feuchtem Moos oder mit Vlies, feuchtem Papier o.ä. regt die Wurzelbildung an. Damit über die vielen Wochen nichts austrocknet, wird alles mit Folie umwickelt. Ein Spalt zum Gießen bleibt offen.
3. Nach einigen Wochen oder Monaten haben sich neue Wurzeln gebildet. Jetzt läßt sich der Trieb abtrennen und eintopfen.
4. Der Rest der Pflanze treibt neu durch.

Größere Pflanzen rettet man durch Abmoosen.

Zweitverwertung von Ananas.

Blattschöpfe

Die Ananas *(Ananas comosus)* zählt zu den Bromelien und läßt sich wie diese durch Kindel weitervermehren, die sich am Grunde bilden. Seit Jahrhunderten kennt man sie als Inbegriff der Tropenpflanzen, genießt ihre aromatischen verdickten Fruchtstände, die in neuen Blattschöpfen enden.
An den Höfen des Hochadels war sie in früheren Zeiten ein geschätztes Luxusgut, für dessen Kultur in Gewächshäusern, Orangerien und Frühbeeten viel Mühe und Können aufgewendet

wurden. In zentralgeheizten Wohnanlagen und warmen Gewächshäusern ist die Kultur nicht mehr problematisch, allerdings langwierig.

Beispiel: Ananas

Auf Hawaii, auf Zypern und in zahlreichen tropischen Ländern ist die Ananas eine Plantagenkultur auf großen, mit schwarzer Mulchfolie ausgelegten Feldern. In kreuzförmige Einschnitte werden die abgetrennten Blattschöpfe gesteckt und bewurzeln unter der feuchtwarmen Decke sehr bald. Im Zimmer gehen wir etwas anders vor:
1. Wegen des hohen Wärmebedarfes der Ananas eignet sich nur die frostfreie Zeit. Man sucht sich im Geschäft eine

frische Frucht, die durch den Transport möglichst wenig gelitten hat. Nun wird der Blattschopf vorsichtig herausgedreht oder abgeschnitten und von anhaftendem Fruchtfleisch befreit.
2. Schon beim Abziehen der unteren Blattschuppen sind kleine Wurzeln zu erkennen. Auf ein Wasserglas gesetzt, entwickeln sie sich bald weiter.
3. Bei 5–6 cm Länge kann man die neue Pflanze in möglichst kleine Töpfe (8–9 cm Durchmesser) mit humusreicher, mit Sand oder Kies drainierter, organisch gedüngter Erde topfen. Bei hohen Temperaturen von 23–30°C, hoher Luftfeuchte und viel Licht setzt bald ein flottes Wachstum ein. Bei guter Kultur kann man nach 2–3 Jahren mit einer neuen Frucht rechnen.

Blattrosetten

Rosettenartig sind die Blätter bei einigen Zimmerpflanzen, Stauden und Gehölzen angeordnet, dicht gedrängt in einem flachen Quirl beispielsweise bei den Zypergräsern (*Cyperus*).

Beispiel: Zypergras

Besonders leicht und einfach läßt sich das Zypergras vermehren. Man braucht dazu nur ausgewachsene Blattquirle und Wassergläser oder Wasserschalen.

1. Von einer gesunden Mutterpflanze Blattquirle entnehmen und den Stiel auf 1–1,5 cm Länge einkürzen. Auch die Blattspitzen lassen sich einkürzen, so daß sie leichter zu handhaben sind.

2. In einer Wasserschale bilden sich in der Quirlmitte schnell Wurzeln und junge Triebe. Dabei macht es keinen Unterschied, ob der Quirl nach oben oder unten zu liegen kommt. Innerhalb von 3–4 Wochen kann man die bewurzelten Quirle eintopfen.

3. Auch in sehr feuchtem Substrat entwickeln sich die Wurzeln gut, man kann sie also auch gleich in ein Töpfchen stecken und sich damit Arbeit sparen.

Der echte Papyrus (*Cyperus papyrus*) aus Afrika, aus dessen dreikantigen Stielen das Mark entnommen und über lange Zeit gepreßt als Papier benutzt

wurde, bildet ebenfalls Blattquirle. Hier funktioniert die beschriebene Methode allerdings nicht. Man kann statt dessen den sehr feinen Samen aussäen oder die Pflanzen über über die fleischigen Rhizome vermehren.

Sie wachsen gleich weiter: Blattrosetten von Cyperus.

Bromelien-Kindel bewurzeln schon an der Mutterpflanze.

Kindel

Bromelien (Ananasgewächse) erschöpfen sich nach der Blüte und sterben ab. Vorher jedoch sorgen sie über die Bildung von kurzen Ausläufern – Kindel genannt – für Nachwuchs. Kindel gibt es auch bei vielen epiphytisch als Aufsitzer lebenden Orchideen. Noch an der Pflanze bilden sich meist die ersten

Wurzeln. Je mehr davon vorhanden sind, desto schneller und kräftiger verläuft das Wachstum. Es ist daher oft eine Frage der Erfahrung, wann der günstigste Moment für die Trennung von der Mutterpflanze gekommen ist. Manche Kindel kann man mit herzhaftem Ruck abreißen, andere mit einer Baumschere abschneiden. Auf jeden Fall ist es gut, die Schnittstelle mit Holzkohlepuder zu desinfizieren und mehrere Stunden lang antrocknen zu lassen, um Fäulnis zu verhindern. Orchideen werden gegen Ende der Ruhezeit, also meist im Februar, geteilt. Die Kindel können dann sofort im neuen Substrat Wurzeln schlagen. Nach dem Eintopfen brauchen die Pflanzen mäßige Feuchtigkeit, Wärme, leichten Schatten und hohe Luftfeuchte.

Beispiel: Guzmania

Schöne und lange blühende, robuste Pflanzen findet man unter den Guzmanien. Hybriden mit schöner Zeichnung des Blatt- und Blütenstandes (Hochblätter) ergänzen das Sortiment. Mit vielen Kindeln sind sie häufig auch vermehrungsfreudig. Diese erscheinen nach dem Abblühen, wenn die Farben der Hochblätter verblassen.
1. Mit festem Griff trennt man die Kindel mit einem ziehenden Griff ab, sobald sie an der Basis schon einige Wurzeln gebildet haben.
2. Mit neuem, durchlässigen Epiphytensubstrat aus sehr lockeren, luftigen Materialien und zunächst schwachen Düngerlösungen (z.B. TKS 1 oder Vermehrungserde) topft man die Kindel in kleine Töpfe. Bald werden ihre Wurzeln einen festen Ballen gebildet haben und nach 1,5 oder 2 Jahren selbst wieder blühen.

Auf gleiche Art lassen sich vermehren:

Bromelien, z.B. *Aechmea, Billbergia, Nidularium, Vriesea.*
Epiphytisch wachsende Orchideen wie *Cattleya, Epidendrum, Laelia.*

Achseltriebe

Aus den Blattachseln entspringen bei einigen Zimmerpflanzen mit herabhängendem Wuchs mehrere Triebe mit langen Internodien. An ihnen bilden sich wie bei den Ausläufern der Erdbeeren Jungpflanzen, die schnell bewurzeln.

Ein bekanntes Beispiel ist die Grünlilie *(Chlorophytum comosum),* an deren bis 1 m langen Achseltrieben sich Büschel von Jungpflanzen bilden und so den Pflanzen ein elegantes Aussehen verleihen.

Noch an der Pflanze entwickeln sich meist zahlreiche Wurzeln. Man braucht sie nur abzunehmen und in ein lockeres, sandiges Substrat mit organischer Düngung zu topfen.

Die Grünlilie zählt zu den robustesten Zimmerpflanzen. Sie kommt mit wenig Licht und wenig Wärme aus, verträgt kurzfristig auch Trockenheit und ist daher für kühlere Räume und Wintergärten ideal.

kulenten Gewächsen, breiten sich mit Seitensprossen aus. Schon bald bilden sich neue Blätter und Wurzeln, wobei immer noch Verbindung zur Mutterpflanze besteht. Horstartiger Wuchs ist die Folge. Werden sie abgetrennt, entstehen oft große Wunden, an denen Fäulniserreger eindrin-

gen können. Einstäuben mit Holzkohlenpuder und Abtrocknen an der Luft noch vor dem Eintopfen beugt solchem Befall vor.

Ein Beispiel für diese Art der Vermehrung ist die Dachwurz *(Sempervivum).* Ihre Ableger sind wie Ornamente rings um die Pflanze angeordnet. Man muß sie nur abziehen, auf Wurzelbildung kontrollieren und in sandiges Substrat setzen.

Achseltriebe bei der Grünlilie (links). Ableger bei der Fetthenne (unten).

Ableger

Viele Stauden und Zimmerpflanzen, besonders unter den Suk-

Frauenschuhorchideen teilt man erst wenn es wirklich nötig ist.

Teilung von Zimmerpflanzen

Viele Pflanzenarten deuten bei näherem Hinsehen schon an, daß ihnen der Platz im Topf oder im Horst zu eng wird und daß sie sich leicht teilen lassen. In der Tat ist das Teilen eine der einfachsten, wenn auch nicht der ergiebigsten Vermehrungsmethoden. Insbesondere für den kleineren Bedarf im Haus und im Garten genügt sie aber den Ansprüchen.

Usambaraveilchen, Bromelien und Orchideen erschöpfen sich wie andere Pflanzen im Laufe der Zeit immer mehr, indem sich dichtgedrängt neue Pflanzen bilden. Im Abstand von 1–3 Jahren (bei Kübelpflanzen eher später) bekommt ein Teilen und Umpflanzen daher besonders gut.

Orchideen wollen möglichst wenig gestört werden und reagieren auf Verletzungen im Wurzelbereich besonders empfindlich. Deshalb sollte man sie erst umtopfen, wenn es wirklich angebracht ist.

Beispiel: Frauenschuh-Orchidee

1. Die Pflanze wird mit leichtem Zug aus dem alten Topf gelöst, die Erde abgeschüttelt, ohne die Wurzeln zu verletzen.

2. Durch vorsichtiges Lösen mit den Händen kommen die Wurzeln frei, die Teilpflanzen ebenfalls. Notfalls leistet eine Baumschere gute Dienste.

3. Jede neue Pflanze muß wenigstens 1 Triebknospe und genügend gesunde Wurzeln besitzen. Geben Sie ihr eher einen zu kleinen Topf, den die wenigen Wurzeln bald erobern und der schnell wieder abtrocknet – Orchideen brauchen nämlich besonders viel Luft und reagieren empfindlich auf stauende Nässe.

4. Deshalb auch niemals normale Blumenerde verwenden, sondern immer ein poröses Substrat mit Stoffen wie in diesem Rezept:

50% grob zerkleinerte Baumrinde, 10% Styroporkügelchen oder -brocken, 15% Farnwurzeln, grobe Torffasern oder

Sie zählen zu den dekorativsten Zimmerpflanzen: Frauenschuhorchideen.

Sphagnum-Moos, 10% Reisspelzen oder gesäuberte Kokosfasern, 5% getrockneten Rinderdung.

Beschädigte oder verfaulte Wurzeln werden bis ins gesunde Gewebe eingekürzt, in den Topf gehalten, dann Substrat eingefüllt und leicht festgedrückt, bis die Pflanze Halt hat. Halbschattig und luftfeucht aufstellen und

zunächst sehr wenig gießen, bis die Pflanze neue Wurzeln gebildet hat.

Auch Bromelien und andere Epiphyten (Aufsitzer, die sich auf Bäumen festklammern, ohne von ihnen Nahrung zu ziehen) stellen ähnliche Ansprüche an das Substrat. Es darf bei ihnen jedoch etwas mehr Feuchtigkeit speichern, also mehr weiche organische Substanz enthalten.

Auf gleiche Art lassen sich vermehren:

Orchideen
alle Frauenschuharten
(Paphiopedilum)
Cymbidium
Lycaste
Miltonia
Odontoglossum
Vuylstekeara-Hybriden
Schmucklilie *(Agapanthus)*
Flamingoblume *(Anthurium)*
Zierspargel *(Asparagus)*
Schusterpalme *(Aspidistra)*
Farne *(Blechnum, Nephrolepis)*
Korbmarante *(Calathea)*
Papyrus *(Cyperus papyrus)*
Kardamom *(Elettaria)*
Gerbera *(Gerbera)*
Usambaraveilchen *(Saintpaulia)*
Bogenhanf *(Sansevieria)*
Simse *(Scirpus)*
Bubiköpfchen *(Soleirolia)*
Scheidenblatt *(Spatiphyllum)*
Drehfrucht *(Streptocarpus)*
Calla *(Zantedeschia)*

Ausläufer

Sproßachsen mit sehr langen Internodien (so nennt man die Stengelteile zwischen zwei Blattachseln) entspringen am Wurzelhals vieler wuchernder Pflanzen. Sie senden nach allen Richtungen ihre Ausläufer aus, Sprosse und Wurzeln werden gebildet, später verfällt die Verbindung zur Mutterpflanze und die Pflanzen bleiben selbständig.

Erdbeervermehrung durch Ausläufer.

So entsteht ein teppichartiger Wuchs, der den Boden bedeckt.

Beispiel: Erdbeere

Wie das Beispiel der Erdbeere zeigt, ist es wichtig, diese Ausbreitung rechtzeitig in geordnete Bahnen zu lenken. Nicht kultivierte Pflanzen verlieren bei der Entnahme weitgehend ihre neugebildeten Wurzeln, das Anwachsen ist erschwert.
Die Bildung von Ausläufern ist sortenabhängig, zwischen 20 und mehr als 100 pro Pflanze kann die Vermehrungsquote liegen. Bei einigen samenvermehrbaren Sorten wie der

mehrfachtragenden 'Sweetheart F1-Hybride' zeigen sich die zahlreichen Ausläufer schon vor der Blüte. Auch die sogenannten Klettererdbeeren bilden lange Ranken. In der Regel aber erscheinen die Ausläufer zur Zeit der Fruchternte.
1. Bevor sie sich im Erdreich festsetzen, heißt es Töpfchen von 7–9 cm Durchmesser bereithalten, die mit nährstoffreichem Kompost oder mit Gartenerde gefüllt sind, die mit verrottetem Mist aufgebessert wurde.
2. Die Knoten (Nodien) sind deutlich zu erkennen, aus denen sich die neuen Pflanzen entwickeln. Man setzt die Töpfchen darunter und befestigt die Ranken mit einem kleinen Stein oder mit einer Klammer aus Draht.
3. Sehr bald bilden sich Wurzeln, ein Ballen entsteht. Man kann nun die Pflanzen abnehmen und Anfang bis Mitte August auspflanzen. Bereits im nächsten Jahr darf man eine annehmbare Ernte erwarten, die sich im folgenden Jahr fortsetzt.

> ### Auf gleiche Art lassen sich folgende Stauden vermehren:
>
> Indische Erdbeere
>   (*Duchesnea*)
> Ziererdbeeren (*Fragaria*)
> Goldmelisse oder Goldnessel
>   (*Lamiastrum galeobdolon*)
> Krebsschere (*Stratiotes*)

Teilung einer Knollenpflanze

Manche Pflanzen lagern in verdickten Wurzeln Nährstoffe und Vorräte ab. Zur Teilung eignen sich jedoch nicht alle Arten, sondern nur solche, die an den Speicherorganen oder am Wurzelhals auch Knospen für künftige Triebe besitzen. Nur Knollen, die botanisch aus der Umwandlung eines Stammes oder Stieles hervorgegangen sind, verfügen über entsprechende »schlafende Augen«, eine Kontrolle ist daher unbedingt angebracht. Reine Speicherorgane der Wurzel (wie z.B. beim Zierspargel oder bei der Dahlie) sind für die Vermehrung wertlos.

Beispiel: Dahlie

Dahlien *(Dahlia variabilis)* sind als Tropenkinder besonders frostempfindlich. Nachdem die ersten Minustemperaturen die Blüten dahingerafft haben, oder auch schon vorher, werden die Triebe handhoch über dem Boden abgeschnitten. Mit einer Grabegabel lassen sich die fleischigen Knollen ohne größere Verletzungen ausgraben. In einem offenen Plastikbeutel oder einer Papiertüte und in einer Kiste locker eingestellt, können sie im kühlen Keller (+2–10°C) den Winter trocken überdauern, ohne zu faulen.
1. Ab März zeigen schwellende Knospen am Wurzelhals, daß der Winter bald vorbei ist.

Eine genaue Untersuchung ist angebracht, abgerissene Wurzeln sind nämlich wertlos.
2. Mit etwas Drehen und Ziehen lösen sich die oft eng verschlungenen Knollen, die neuen Pflanzen kommen frei. Notfalls kann man auch mit vorsichtigem Schnitt den Stiel durchtrennen und erhält dann noch eine Pflanze mehr.
3. Ab Ende April/Anfang Mai pflanzt man die Dahlien im Freien an sonniger Stelle aus. Weitere Vermehrungsmethoden für Dahlien sind die Aussaat (geht nur bei einigen Sorten) und Stecklingsvermehrung, solange die Triebe noch jung und nicht hohl sind.

Auf gleiche Art lassen sich vermehren:

Knabenkraut-Arten *(Orchis und Dactylorhiza)*
Freilandgloxinie *(Incarvillea)*

Zimmerpflanzen
Ruhmeskrone *(Gloriosa)*

Nur mit »Augen« wachsen die Knollen weiter.

Teilung einer Knollenwurzel

Eine andere Form der Knollen-bildung finden wir z.B. bei Knol-lenbegonien oder Alpenveil-chen, bei Kartoffeln und Süß-kartoffeln. Der Stengelteil fehlt, dafür bilden sich mehr oder weniger tellerförmige, verdickte Organe mit Reservestoffen, die zur Überwinterung und Fort-pflanzung dienen.
Bei genauem Hinsehen, oft un-scheinbar und kaum zu erken-nen, findet man auf ihnen meh-rere »Augen«, aus denen sich einzeln oder in Gruppen wie bei der Kartoffel neue Triebe ent-wickeln. Fast alle dieser Knollen lassen sich mit etwas Finger-spitzengefühl teilen, wobei jedes Teilstück mindestens ein Auge besitzen muß.

Knollenbegonien-Teilung.

Beispiel: Knollenbegonie

1. Ähnlich den Dahlien sterben auch bei Knollenbegonien *(Begonia tuberhybrida)* mit Frostbeginn die oberirdischen Teile ab. Die gefährdeten Knol-len werden ausgegraben und trocken, zum Beispiel in Torf, Holzwolle oder Sägespänen bei Temperaturen knapp über 0° C überwintert.
Sehr zeitig, schon im Februar, regt sich neues Leben. Dann werden die Knollen zunächst geputzt, in feuchtem Kompost, Torf oder Blumenerde eingebet-tet und bei 15–25° C auf-gestellt. Bald saugen sie sich

voll Feuchtigkeit, die neuen Triebe werden sichtbar.
2. Mit einem scharfen Messer kann man jetzt die Knollen ein- oder mehrmals teilen. Aller-dings nur so weit, daß jedes Stück noch mindestens 1 Auge besitzt. Holzkohlenpuder (von Grillkohle abkratzen) schützt die Schnittstellen vor Fäulnis.
3. In humosem Substrat wach-sen die so gewonnenen Teil-

stücke schnell weiter, bilden Triebe und Wurzeln. Die Blüte setzt ab Mitte Mai ein.

Auf gleiche Art zu vermehren:

Kartoffeln
Süßkartoffeln (Bataten)
Topinambur

Zimmerpflanzen
Buntwurz *(Caladium)*
Alpenveilchen *(Cyclamen)*
Gloxinien *(Sinningia)*
Gesnerien *(Sinningia cardi-nalis)*
Yams, Luftkartoffel *(Dioscorea)*
Leuchterblume *(Ceropegia)*

Vermehrung über Zwiebeln

Zwiebelblumen spielen im Pflanzenreich eine bedeutende Rolle. Botanisch ist die Zwiebel mit einem gestauchten Stamm vergleichbar. Die Blätter sind als Nahrungsspeicher fleischig verdickt und um einen Vegetationspunkt herum kreisförmig angeordnet. Man unterscheidet 2 Arten von Zwiebeln, fleischighäutige wie Narzissen, Hyazinthen oder Schneeglöckchen und schuppige, zu denen die Lilien zählen. Die äußeren Häute trocknen beim Abreifen ein und schützen anschließend vor Beschädigungen in der Ruhezeit.

Schon im Sommer, also während des Abreifens und im Herbst werden die kommenden Blüten angelegt. Der Beginn der neuen Wachstumsperiode kündigt sich zunächst durch die Bildung neuer Wurzeln an, die der Basalplatte entspringen.

Bei Narzissen, Hyazinthen und anderen Gattungen entstehen aus einigen wenigen seitlich angelegten Tochterzwiebeln neue Exemplare. Kreuzförmige Einschnitte in den Zwiebelboden bewirken an den Schnittstellen der einzelnen Schalen einen Anreiz zur Entstehung von zahlreichen Brutzwiebeln. Vor allem bei Hyazinthen kann man auch mit einem aushöhlenden Schnitt in den Zwiebelboden nach Abschluß der Vegetationsperiode viele Brutzwiebeln erzeugen. In durchlässiges Sub-

Tulpenzwiebeln zerfallen von alleine.

strat ausgepflanzt, wachsen sie innerhalb von 2–3 Jahren zu blühfähigen Zwiebeln heran.

Beispiel: Tulpe

In der braunen Außenschale der Tulpe befinden sich neben einer dicken Ersatzzwiebel mit Blüte im kommenden Jahr eine oder mehrere kleinere Brutzwiebeln, die innerhalb von 2–3 Jahren zur Blüte gelangen. Hierfür brauchen sie genügend Nährstoffe und Platz. Deshalb ist es angebracht, die Tulpen nach dem Abreifen auszugraben, die kleineren Brutzwiebeln herauszulösen und jeweils gesondert in nährstoffreichem Boden aufzupflanzen. Tulpenbestände, die auf armen Sandböden sich selbst überlassen bleiben, erschöpfen sich dagegen

schnell, bringen nur Blätter hervor, blühen aber nicht. Wildtulpen wie z.B. *Tulipa sylvestris*, die bei uns heimische Weinbergstulpe, vermehren sich auch gerne über Samen. Für die Blütenbildung ist eine Düngung angebracht.

Auf gleiche Art zu vermehren:

Herbstzeitlose *(Colchicum)*

Vermehrung durch Zwiebelschuppen

Bei schuppenförmigen Zwiebeln wie z.B. Lilien entstehen in der basalen Wurzelzone abgerissener Schuppen leicht Brutzwiebeln, die man nach der Wurzelbildung abnehmen kann. Innerhalb von 2–3 Jahren haben sie sich zu blühfähigen Zwiebeln entwickelt und bringen schöne Pflanzen hervor.

Beispiel: Lilien

Durch Schuppen, Brutzwiebeln und Bulbillen lassen sich Lilien vermehren.

Um diese Methode durchzuführen, kann man die Zwiebeln in der Ruhezeit herausnehmen. Schneller, weil noch im Sommer praktizierbar und schonender ist es jedoch, die Pflanzen nur an einer Seite im Erdboden oder im Topf freizulegen. Um die Pflanze nicht allzu sehr zu schwächen, bricht man von den äußeren Zwiebelschuppen nicht mehr als 3–5 Stück ab. An der Luft trocknet die Schnittstelle mehrere Stunden und wird zusätzlich mit einem desinfizierendem Fungizid oder Holzkohlenpuder eingestäubt, um Fäulnis zu vermeiden. Wundgewebe (Kallus) bildet sich allerdings nur unter Bedingungen mit hoher Luftfeuchte und viel Sauerstoff. Hierzu kann man die Zwiebelschuppen mit Sand vermischen und in einen geschlossenen, durchsichtigen Plastikbeutel geben.

Bei der zweiten Methode werden die Zwiebelschuppen auf gut angefeuchtetem Sand-Torf-Gemisch in einem Topf ausgelegt und mit einem darüber gestülpten Plastikbeutel geschützt. Wichtig sind die Temperaturen: Zunächst 6–8 Wochen bei 22–24 °C, danach 4 Wochen bei 17–18 °C und darauf folgend eine Kühlbehandlung für 12 Wochen bei 5–7 °C, wobei die Entstehung der Brutzwiebeln kräftig angeregt wird. Diese Kühlbehandlung erfolgt den Winter über in einem schwach geheizten Gewächshaus oder Frühbeet. Die Zwiebelschuppen werden auf sandigem Substrat ausgestreut oder gesteckt und 1–2 cm hoch mit Torf oder lockerem Substrat abgedeckt. Zunächst bilden sich kleine Brutzwiebeln und ab Frühjahr auch die ersten Blättchen. Bis zum Herbst sind auch Wurzeln entstanden – die Zwiebelschuppe schrumpft und stirbt ab. Nun lassen sich die Pflänzchen trennen und in Kistchen in sandige Erde auspflanzen.

Auf gleiche Art zu vermehren:

Kaiserkrone *(Fritillaria)*

Vermehrung durch Achselbulben und Stengelbulben

Einige Lilienarten, besonders aber die Feuerlilien, bilden in den Achseln der Blätter sogenannte Achselbulben, auch Bulbillen genannt. Die schwarzbraunen Minizwiebeln bringen oft noch auf der Pflanze in luftiger Höhe Wurzeln hervor und fallen ab.

Beispiel: Tigerlilie

Bei den Tigerlilien schon zur Blütezeit und kurz danach auch bei den Feuerlilien erscheinen in den Blattachseln zahlreiche Minizwiebeln. Oft schon mit Blättchen und Wurzeln versehen, fallen sie zu Boden oder werden gegen Ende der Vegetationszeit abgelöst. Man kann sie auf ein Freilandsaatbeet ausstreuen und leicht mit sandiger Erde bedecken oder in Töpfchen pflanzen. Eine weitere Methode besteht darin, den gesamten Stengel schräg in den Boden zu legen und flach mit Erde zu bedecken, wobei die Spitze mit dem Schopf ins Tageslicht ragt.
2–5 Stengelbulben pro Pflanze entwickeln sich bei *Lilium henryi, Lilium longiflorum, Lilium auratum, Lilium speciosum, Lilium davidii* ssp. *wilmottiae* und *Lilium lancifolium*. Sie entstehen knapp oberhalb der eigentlichen Zwiebel am Stengel, aber noch unter der Erde,

und zwar in den Herbstmonaten. Die absterbenden Pflanzen sind dann noch an den Stengeln kenntlich. Man kann sie vorsichtig ausgraben, die schon recht großen Stengelbulben ablösen und in durchlässigen, humosen Boden pflanzen. Bereits im nächsten oder übernächsten Sommer erscheinen

die ersten Blüten. Wenn man besonders tief pflanzt, (20–25 cm unter die Erdoberfläche), entwickeln sich die Stengelbulben mit großer Sicherheit.

Bulbillen bei Tigerlilien.

Schiefteller (oben) entwickeln sich aus Schuppenrhizomen (rechts).

Vermehrung durch Schuppenrhizome

Einige Gesneriengewächse wie zum Beispiel der Schiefteller *(Achimenes)* warten mit einer Besonderheit auf. Wenn sich die Blühzeit im Sommer dem Ende zuneigt, bilden sich unterirdisch wurmartige, cremeweiße Gebilde von 1–3 cm Länge, sogenannte Schuppenrhizome. Begleitet vom Absterben der oberirdischen Triebe und immer geringeren Wassergaben bilden sich in den Herbstmonaten die schuppenartigen Speicherorgane aus. Im Winter steht die Pflanze kühl und trocken bis zum Spätwinter.

Beispiel: Schiefteller

1. Beim Austopfen und vorsichtigen Auseinanderziehen finden sich im Ballen mehrere der zerbrechlichen, leichten Gebilde.
2. Der neue Topf erhält humusreiche, lockere, durchlässige Erde, am besten mit einem organischen Dünger versehen (eine Handels-Mischung oder Hornmehl und Knochenmehl). Auch Langzeitdünger mit allmählich frei werdenden Nährstoffen sind gut geeignet. Jeweils 5–8 Schuppenrhizome reichen für einen neuen 9–11-cm-Topf.
3. Man füllt die Töpfe bis ca. 3 cm unter den Rand und legt darauf die Rhizome aus. Anschließend gibt man eine weitere Schicht von 2–3 cm Substrat darüber und gießt an. Ein warmer, halbschattiger Platz bei 20–25 °C ist für die weitere Kultur gut geeignet. Bald beginnt der Austrieb, die samtartig behaarten Blättchen erscheinen. Gegen kaltes Gießwasser sind sie sehr empfindlich und reagieren auf entsprechende Benetzung wie andere Gesneriengewächse mit häßlichen weißen Flecken. In den Sommermonaten Juli bis September entfalten sich die schönen Blüten. Durch Züchtungsarbeit sind viele blaue, rosarote, karminrote oder zartrosa Sorten mit langer Blühdauer entstanden.

Auf gleiche Art lassen sich vermehren:

Kohleria-Hybriden
Smithiantha-Hybriden

Vermehrung durch Zwiebelknollen

Botanisch sind sie Speicherorgane des Stammes: Zwiebelknollen. Äußerlich Zwiebeln ähnelnd, unterschieden sie sich dadurch, daß auf einem scheibenförmigen Speicherorgan mehrere »Augen« angesiedelt sind. Eine oder mehrere davon treiben aus, bilden Schäfte mit Blättern und Blüten, anschließend unter der Erdoberfläche auch neue Zwiebelknollen. Zusätzlich sorgt die Pflanze mit einer weiteren Form für die Vermehrung, mit einer größeren Anzahl von 3–8 mm dicken Bulbillen. Diese Brutzwiebelchen lassen sich entnehmen, nach der Überwinterung auspflanzen und ergeben nach 2–3 Jahren ebenfalls blühfähige Zwiebelknollen.

Beispiel: Freesien

1. Sobald der erste Frost naht, entnimmt man die alten, abgeblühten Zwiebelknollen dem Boden, schneidet die Blätter bis auf einen kurzen Stummel ab und lagert die Pflanzen zunächst luftig und frostfrei bis zu einem passenden Tag im Winter. Sie sollen eintrocknen, dabei ihre Reservestoffe in die neugebildete Zwiebelknolle verlagern. Bis dahin ist eine regelmäßige Kontrolle wichtig, damit nichts fault.
2. Rechtzeitig vor dem neuen Wachstum werden die Pflanzen durchgeputzt. Die neue Zwiebelknolle sieht frisch aus, die daruntersitzende alte schrumpft dagegen schon ein. Man trennt sie mit einer beherzten Drehung ab, entfernt auch Wurzelreste und säubert den Wurzelboden, an dem sich mitunter schon die neuen Wurzeln andeuten. Mit einer Drehung löst sich auch der abgeschnittene alte Trieb und macht damit Platz für den neuen, der aus einem der Augen entspringt.
3. Anfang bis Mitte Mai ist die richtige Zeit für die Neupflanzung (5–6 cm tief). Die Pflanzen brauchen einen sonnigen Standort auf humosem Boden.
4. Die vielen kleinen Bulbillen kann man separat aufpflanzen. Meist lohnt jedoch diese Art der Vermehrung bei diesen Pflanzen nicht.

Zahlreiche Zwiebelknollen findet man an Freesien.

Auf gleiche Art lassen sich vermehren:

Abessinische Gladiole *(Acidanthera)*
Freesie *(Freesia)*
Montbretie *(Crocosmia)*

Vermehrung durch Rhizome

Rhizome sind verdickte Sprosse, die kriechend auf oder dicht unter der Erde wachsen. In ihnen sind meistens Nährstoffe gespeichert. An den deutlich sichtbaren Abschnitten (Nodien) können sich Wurzeln und aus den »Augen« blühende Triebe bilden, außerdem Verzweigungen. In der Regel aber wächst vor allem die Endknospe immer weiter und bringt Blüten und Früchte hervor. Die Ausbreitung in mehr oder weniger dichte Horste vollzieht sich langsam, wie bei Spargel oder Pfingstrosen (Päonien) oder sehr schnell (wie bei der Quecke). Da sich die Nährstoffe erschöpfen, stirbt das Innere des Horstes mit der Zeit ab, er bedarf der Erneuerung. Die Teilung paßt am besten in die Ruhezeit, die beim Blumenrohr *(Canna indica)* in die Wintermonate fällt, bei der Schwertlilie *(Iris germanica)* jedoch in die Sommermonate nach der Blüte. Eine Vermehrung in dieser Zeit erlaubt, daß die Rhizome bald einwurzeln und bereits im folgenden Jahr blühen.

Ca. 10 cm lange Rhizomstücke aus der Spitze werden mit

Nach Jahren erschöpfen sich die Horste der Schwertlilien.

einem scharfen Messer abgeteilt, die Blätter bis auf Handlänge eingekürzt, um die Verdunstung einzuschränken. Holzkohlenpuder (von Grillkohle abschaben) hält die Schnittfläche von Fäulnis frei. Die Wurzeln sollten geschont, gebrochene Spitzen mit einem scharfem Messer abgetrennt werden.

Damit sie gut in die Tiefe vordringen können, wird mit dem Spaten ein kreisförmiger Graben 15–20 cm tief ausgehoben und auf den so entstandenen Kegel das Rhizom locker ausgebreitet gesetzt. Nun noch Erde darüber decken, andrücken und angießen.

Wichtig: das Rhizom soll aus der Erde heraussehen, also nur ganz flach bedeckt sein. Mineralischer oder lehmiger Boden ist besser als stark humoser Torf, zuviel Kompost und zu reichliche Düngung dagegen führen zu Fäulnis. An sonniger Stelle gelingt das Einwurzeln dieser äußerst dekorativen Pflanzen sehr rasch.

Auf gleiche Art lassen sich vermehren:

Stauden
Kalmus *(Acorus)*
Indisches Blumenrohr
   (Canna)
Maiglöckchen *(Convallaria)*
Seerose *(Nymphaea)*
Teichmummel *(Nuphar)*

Zierpflanzen
Bogenhanf *(Sansevieria)*
Zieringwer *(Hedychium)*
Ludisia-Orchidee *(Ludisia)*
Cattleya-Orchidee (und
   andere epiphytisch wachsende Arten)

Die Blätter kürzt man ein. Rhizome mit einem Trieb sind ideal.

Das Teilen
von Stauden

Staudenhorste können einen unbändigen Ausdehnungsdrang entwickeln. Nach allen Seiten dringen die Triebe und Wurzeln vor auf der Suche nach neuen Nährstoffquellen und neuem Terrain. Gleichzeitig sterben manche Arten an der bisherigen Stelle ab, so zum Beispiel Margeriten, die gerne durch den Garten wandern. Ursache sind auch Ausscheidungen der Pflanzen, Nematodenbefall und Nährstoffentzug, die alle zur Erscheinung der »Bodenmüdigkeit« beitragen.

Das Teilen von Staudenhorsten hat daher auch eine belebende Wirkung und muß bei nachlassender Wuchskraft alle paar Jahre durchgeführt werden. Die beste Zeit dazu bietet sich an in der Vegetationsruhe, also an frostfreien Tagen im Spätherbst, Winter und vor allem im Frühjahr, wenn die Vegetation noch nicht zu weit fortgeschritten ist. Gut geeignet sind auch die Wochen nach Abschluß einer Vegetationsperiode, bei Schwertlilien nach der Blüte im Juli, bei Pfingstrosen nach dem Abschluß des Wachstums im Herbst. Gräser teilt man nur im Frühjahr, weil die Wuchskraft der Wurzeln anschließend stark nachläßt und bei einer Pflanzung im Herbst Ausfälle durch Frost oder Vertrocknen möglich sind.

Die Ballen werden ausgegraben und lassen sich dann mit einem couragierten Stich mit dem Spaten durchteilen. Viele Horste sind nur locker miteinander verbunden. Die Pflanzen streben schon selbst auseinander. Hier genügt es oft, wenn man durch Auseinanderziehen mit den Händen die Ballen noch weiter verkleinert. Mindestens 1 Trieb und die dazugehörigen Wurzeln gehören zu einer Teilpflanze.

Üppige Horste von Sonnenhut.

Geteilt wird in der Ruhezeit.

Beispiel: Sonnenhut

Der Sonnenhut *(Rudbeckia fulgida* var. *sullivantii)* aus dem mittleren Westen der USA gehört zu den besonders wüchsigen und blühwilligen Spätsommer- und Herbstblühern. Die Sorte 'Goldsturm' mit einfachen, goldgelben Blüten und dunkelbrauner Mitte erreicht nur ca. 50 cm Höhe. Sie eignet sich besonders für Rabatten und sogar für Gefäße. Wie bei allen *Rudbeckia*-Arten bilden sich kissenartige Horste, deren Blühwilligkeit nach einiger Zeit nachläßt und die daher nach 3–4 Jahren geteilt werden müssen.

1. Mit einem tiefen Spatenstich heben wir zunächst den Horst des Sonnenhuts heraus. Spätester Zeitpunkt dafür sind die Aprilwochen, denn später setzt schon das Triebwachstum ein. Mit dem gut geschärften Spatenblatt wird nun der Ballen quer oder an einer anderen beliebigen Stelle durchtrennt. Daß einige Pflanzenteile verletzt werden, läßt sich dabei kaum vermeiden.

2. Um den Schaden klein zu halten, nehmen wir jetzt die Hände zu Hilfe. Günstig für das weitere Wachstum sind Kleinballen von ca. 10 cm Durchmesser und 5–7 Trieben. Die kleinste Einheit ist ein Trieb mit Wurzeln und einer Knospe. Je weniger Erde dabei abgeschüttelt wird und je schneller die Pflanzen wieder in gut vorbereiteten, mit Kompost oder wurzelbildendem Perlhumus

angereichertren Boden kommen, desto weniger Störungen haben die Pflänzchen zu verkraften.

Beschädigte Wurzeln kürzt man ein und regt damit das Wurzelwachstum an. 30 cm Pflanzabstand nach allen Seiten und gründliches Angießen schließen den Pflanzvorgang ab. Das Einschlämmen hat den Vorteil, daß die Wurzeln eng mit dem umgebenden Erdreich in Kontakt kommen.

Auf gleiche Art lassen sich vermehren:

Stauden
Eisenhut *(Aconitum)*
Astern *(Aster)*
Margeriten *(Dendranthema)*
Rittersporn *(Delphinium)*
Feinstrahl *(Erigeron)*
Edeldisteln *(Eryngium)*
Roter Sonnenhut *(Echinacea)*

Kräuter
Baldrian
Bergbohnenkraut
Eberraute
Estragon
Lavendel
Liebstock
Oregano
Salbei
Sauerampfer
Schnittlauch
Thymian
Waldmeister
Weinraute
Wermut
Ysop
Zitronenmelisse

Vermehrung durch Steckhölzer

Eine ähnliche Bedeutung wie der Kopfsteckling für die Zimmerpflanzen hat die Vermehrung durch Steckhölzer für Gehölze.

Weidenkätzchen und Forsythien zeigen uns oft schon abgeschnitten in der Vase an, wie leicht und schnell sie zum Bewurzeln neigen. Flechtzäune oder Bögen aus Weiden werden auf einfachste Weise gewonnen, indem man ausgereifte einjährige Triebe in die Erde steckt und sie dann so lange feucht hält, bis sie sich selbst bewurzelt haben.

Auch Johannisbeeren, Himbeeren, Forsythien, Wildrosen, Pfeifensträucher, Äpfel und Wein sind nur einige der Arten, die mit Steckhölzern vermehrt werden.

Für größere Bestände wird die vorgesehene Mutterpflanze

schon 1 Jahr vorher durch starken Rückschnitt zu kräftigem Wachstum angeregt. Im Garten wird es eher um einige wenige Exemplare gehen, die man von geeigneten Trieben gewinnt. Steckhölzer verlieren durch Austrocknen viel Kraft und sollten daher so schnell wie möglich verarbeitet werden oder

zumindest in feuchtem Sand, mit einem feuchten Lappen umwickelt oder in einem Plastikbeutel geschützt kühl lagern. Die beste Zeit zum Schneiden ist im Spätherbst nach dem Laubfall und an frostfreien Tagen den Winter über. Steckhölzer schneidet man in Scherenlänge (20–30 cm). Ein schräger Schnitt unterhalb von einem Blattknoten kennzeichnet das untere Ende, ein gerader Schnitt das obere. Dazwischen liegen 2–3 Nodien. In der Baumschule versenkt man die so vorbereiteten Steckhölzer so tief in eine gerade Furche, daß nur noch 2–3 »Zugaugen« hervorschauen. In feuchtem Boden entwickeln sich im Frühjahr Wurzeln und Triebe. Im Herbst wird dann auf endgültigen Abstand gepflanzt.

Bei Rosen greift man auf ausgereifte einjährige Triebe zurück und steckt sie im August. Nicht alle Gehölze bewurzeln leicht – im Gegenteil. Wie bei den verholzenden Stecklingen von Zitrusgewächsen hilft das Eintauchen der Schnittstellen in Hormonpulver. Überzähliges Pulver wird durch leichtes Antippen entfernt.

Wein läßt sich leicht durch Steckhölzer vermehren.

Beispiel: Wein

Anders als in der Baumschule lassen sich kleinere Mengen von Wein und Ziergehölzen auch im Blumentopf bewurzeln. Man kann dazu ein schwach geheiztes Gewächshaus benutzen oder die Steckhölzer im Freien belassen.

1. Gut ausgereifte Triebe werden an frostfreien Tagen beim ohnehin fälligen Formschitt im Winter gewonnen und möglichst sofort verarbeitet. Die Steckhölzer sollten mindestens 2–3 Augen und damit 20–25 cm Länge besitzen. Das untere Ende wird mit einer scharfen Schere dicht unter einem Blattknoten schräg abgetrennt, das obere Ende quer ca. 2 cm über einem Blattknoten.

2. In der Zwischenzeit wurde ein Blumentopf mit einem feuchten Torf-Sand-Gemisch im Verhältnis 1:1 gefüllt und gut angedrückt. Dicht an dicht finden darin mehrere Steckhölzer Platz, ca. 3 cm in das Gemisch versenkt, angedrückt und mit einer feinen Brause angegossen. Nun stülpt man einen transparenten Plastikbeutel darüber, der 2–3 kleinere Löcher erhält, damit ein gewisser Luftaustausch stattfinden kann. Im Gewächshaus oder an einem schattigen Platz im Freien bilden sich nun Wurzeln und ab April werden auch die ersten Blätter und Triebe sichtbar.

3. Im Frühsommer erhält dann jede Pflanze ihren eigenen Topf, in dem sie bis zum Verpflanzen im nächsten Frühjahr bleibt.

Eine reblausresistente sogenannte »Amerikanerrebe« ist die Sorte 'Boskoops Glorie' mit sehr süßen, schmackhaften blauen Trauben.
Sie braucht im Gegensatz zu anderen Sorten keine weitere Veredelung, ist wüchsig, früh, sehr gesund und für den Hausgarten gut geeignet.

Am Austrieb erkennt man den Erfolg. Profis veredeln gleich.

Veredeln von Gurken: Kopulation/Pfropfen

Das Veredeln einer Kultursorte auf eine wüchsige oder gegen Krankheiten widerstandsfähige Wildform als Unterlage hat schon viele hundert Jahre Tradition. Oft ist es die einzige Möglichkeit, die gewünschten Eigenschaften des »Edelreises« zur Geltung zu bringen. Zitrusgewächse, die Wüstenrose *Adenium obesum,* Ziergewächse wie Rosen oder die Wüstenerbse *(Clianthus formosus)* werden wie Obst veredelt – nach verschiedenen Methoden, zum Beispiel durch das Einsetzen von »Augen« des Edelreises in einen T-förmigen Schnitt (Okulieren), durch seitliches Anplatten bei Koniferen oder durch das Kopulieren, wie die bei Gurken und vielen Obstgehölzen übliche Methode genannt wird. Unterlage und Reis müssen dabei gleich dick sein. Mit einem sehr scharfen Messer zieht man von unten durchtrennend einen schrägen Schnitt und im gleichen Winkel einen entsprechenden beim Reis. Anschließend werden beide Flächen genau aufeinander gepaßt und mit einem angefeuchtetem Wollfaden so dicht umwickelt, daß sich nirgends Luft dazwischen schieben kann.
Nur dann verwachsen die Zellen beider Schnittflächen, so daß daraus eine neue Pflanze entstehen kann. Genaues und sauberes Arbeiten ist die Voraussetzung dafür.

Gärtner arbeiten mit selbstauflösenden Schnellverschlüssen aus Plastik, um die Schnittstelle zu versiegeln. Im Garten tun es wie in alten Zeiten auch Bast und notfalls Tesafilm.
Das Kopulieren mit Gegenzunge bringt einen noch intensiveren Kontakt zwischen Unterlage und Reis mit sich. Bei beiden wird der Schnitt nur bis zur Triebmitte durchgezogen, einmal von unten und entsprechend von oben ansetzend. Beim Einpassen kommt es wieder auf genaues Arbeiten und einen luftdichten Abschluß an, sonst bildet sich an Schwachpunkten sogleich Kallusgewebe,

das vernarbt, aber keinen Zusammenhalt ergibt.
Das Kopulieren mit Gegenzunge verwendet man bei Äpfeln und Birnen, aber auch beim Veredeln der Gurken.

Beispiel: Treibgurken

Das größte Problem beim Gurkenanbau im Gewächshaus ist die Gurkenwelke, verursacht vorwiegend durch hartnäckige Bodenpilze (z.B. Fusarium). Im Boden sich ausbreitend, greifen sie die Leitungsbahnen der Gurkenpflanzen an, unterbinden den Saftstrom und bringen die

Ein Zungenschnitt verbindet Gurke und den gegen Gurkenwelke resistenten Kürbis (links und rechts).

nur bis zur Triebmitte einmal von oben und einmal von unten laschenförmig angeschnitten. Es folgt das Einpassen, wobei beide Flächen sauber (nicht berühren!) und genau übereinander liegen müssen. Festes, lückenloses Verbinden mit einem feuchten Wollfaden, Bast, spezieller Bleifolie oder Tesafilm sind danach wichtig. Die geschwächten Pflanzen erhalten mit darüber gezogener Folie und hoher Luftfeuchte soviel Hilfe wie möglich.
3. Nach 2–3 Wochen bei 25° C sind Gurken und Kürbis zu einer neuen Pflanze verwachsen. Jetzt heißt es aufpassen: Von der Gurke wird die Wurzel abgetrennt, vom Kürbis der Kopf.

Pflanzen mitten im Sommer plötzlich zum Welken.
Nasses, kühles Wetter und zu tiefe Temperaturen schwächen die Gurkenpflanzen und begünstigen den Befall.
Ein Gegenmittel ist nicht zugelassen. Während es bei Zuckermelonen schon widerstandsfähige Sorten gibt, steht die Resistenz bei Treibgurken noch aus. Die einzige Hilfe sind vorbeugende Maßnahmen durch Veredeln auf den resistenten Feigenkürbis *(Cucurbita ficifolia)* als Unterlage. Sein kräftiges gesundes Wurzelwerk wird von dem Pilz nicht befallen, so daß sich auch generell ein besseres Wachstum ergibt. Erwerbsgärtner verwenden nur veredelte Pflanzen.
1. Die Gurken sät man bei 22–25 °C eine Woche früher in Töpfchen aus als die Kürbisse, deren Entwicklung schneller vonstatten geht und deren Stiele sonst etwas kräftiger ausfallen.
2. Beide Pflanzen werden nebeneinander gestellt und mit schrägem, ziehenden Schnitt

Auf gleiche Art lassen sich veredeln:

Ziergehölze
Azaleen
Zaubernuß *(Hamamelis mollis)* auf im Topf eingewurzelte Unterlagen von *Hamamelis japonica* oder *H. virginiana.*
Birken (Hängeformen im Winter auf *Betula pendula*)
Efeu *(Hedera arborescens* auf *H. helix)*

Obst
Apfel, Aprikose, Birne, Pfirsich, Pflaume, Süßkirsche, Quitte (auf Weißdorn, Eberesche oder Quitte EMA).

Vermehrung durch Wurzelschnittlinge

Stauden mit wenigen dicken, fleischigen Wurzeln lassen sich oft durch abgeschnittene Wurzeln vermehren. Dabei spielt die Jahreszeit eine große Rolle, jeweils unterschiedlich nach der Pflanzenart. Einige wenige Pflanzen sind in der Lage, sich fast in jeder Jahreszeit zu reproduzieren, zum Beispiel der wüchsige Meerrettich. Für andere ist die winterliche Ruhezeit ideal, um Verletzungen zu überwinden und neue Triebknospen anzulegen.

Nach Abschluß des Hauptjahreswachstums, also im Frühherbst, bereitet man die Mutterpflanze schon entsprechend vor. Dabei werden einige Wurzeln freigelegt, die Erde abgeschüttelt und mit scharfem Schnitt nahe am Wurzelhals abgetrennt. Oben und unten sind für die Pflanze wichtig, aber für uns oft schwer zu erkennen. Daher werden die Wurzeln oben quer, und zu lange Spitzen unten schräg abgeschnitten.

Die faserigen Seitenwurzeln nützen wenig und werden entfernt. Wie lang der Wurzelteil sein muß, wieviele Reservestoffe er enthalten muß, hängt auch von der Temperatur ab. Je besser die Verhältnisse, desto kürzer die Entwicklung, zum Beispiel kann der Wurzelsteckling im Gewächshaus bei 15–18° C nur 3–4 cm, also daumenlang sein, im Freien bei monatelanger Überwinterung jedoch 12–15 cm.

Die Wurzelschnittlinge werden in der bisherigen Wuchsrichtung schräg in eine torfhaltige Erdmischung gelegt und angedrückt, wobei die obere Schnittfläche ca. 1 cm mit Erde bedeckt sein sollte. Sobald der Austrieb eingesetzt hat und sich Wurzeln gebildet haben, kann man in Töpfchen mit Kompost oder ins Freie verpflanzen.

Meerrettichwurzeln entfernen . . .

. . . sofort wachsen sie weiter.

Beispiel: Merrettich

Vom Meerrettich gibt es große landwirtschaftliche Kulturen. Im Garten genügen wenige Pflanzen für den Bedarf der Küche. Die ca. 15–20 cm langen dicken Seitenwurzeln (Fechser) gewinnt man bei der Ernte der dicken Hauptwurzeln oder zwischendurch, wenn die Pflanzen ausgegraben, die Seitenwurzeln abgebrochen und die Hauptwurzel geglättet werden. Anschließend darf sie weiterwachsen. Nur so entstehen die dicken »Knüppel« zum Verkauf. Obwohl fast jedes Stück der Meerrettichwurzel weiterwächst, sollten die Fechser für gute Pflanzen doch ca. 15 cm lang sein. Das obere Ende wird mit einem Querschnitt abgeteilt, das untere erhält einen Schrägschnitt. Man kann die Fechser bis zum Frühjahr in einem Frühbeet in Erde zwischenlagern oder direkt an der vorgesehehen Stelle pflanzen. Der Boden muß sehr tiefgründig gelockert und möglichst sandig sein. Lehm- oder gar Tonboden erschwert die Ernte. Im Abstand von 60–80 cm legt man die Fechser in eine tiefe Furche und bedeckt sie ca. 1 cm hoch mit Erde. Gründliches Angießen nicht vergessen!

Auf gleiche Art lassen sich vermehren:

Stauden
Ochsenzunge *(Anchusa)*
Silberdistel *(Carlina)*
Flockenblume *(Centaurea)*
Kugeldistel *(Echinops)*
Edeldistel *(Eryngium)*
Mädesüß *(Filipendula)*
Storchschnabel *(Geranium)*
Feuermohn *(Papaver)*
Küchenschelle *(Pulsatilla)*
Comfrey *(Symphytum)*

Vermehrungstabelle

Art	Vermehrung durch:	Wann vermehren? (Jan.–Dez.)	siehe Seite
Ahorn	Abmoosen		69
Aloe	Ableger		75
Ananas	Blattschöpfe		70
Apfel und Birne	Steckhölzer		88
Apfelsine	Verholzende Kopfstecklinge		58
Aprikose und Pfirsich	Kopulieren		90
Araukarie	Abmoosen		69
Asplenium bulbiferum	Lebend-gebärend		65
Astern	Teilung		86
Astilben	Teilung		86
Azaleen	Verholzender Kopfsteckling		58
Baumfreund	Kopfsteckling		55
	Stamm-stecklinge, Abmoosen		68, 68
Begonienarten B. 'Rex'	Kopfstecklinge Blatteilstücke		54 60
Bergenie	Stamm-stecklinge		68
Bitterwurz	Blattstecklinge		60
Bl. Gänseblüm.	Kopfstecklinge		55
Blattkakteen	Blattstecklinge		60
Bleiwurz	Kopfstecklinge (und Aussaat)		55
Blutweiderich	Teilung Kopfstecklinge		86 55
Brombeere	Verholzende Kopfstecklinge		58
Bromelien	Kindel (und Aussaat)		72
Brunfelsia	Augen-, Stengelteil-stecklinge		66
Brutblatt	Lebend-gebärend		63
Buchsbaum	Verholzende Kopfstecklinge Steckholz		58 88
Buddleia	Verholzende Kopfstecklinge		58
Buntwurz	Teilung durch Knollenwurzel		78
Calla	Teilung durch Rhizome		84
Canna	Teilung durch Rhizome		84
Chamaecy-paris	Verholzende Kopfstecklinge		58
Chrysantheme	Teilung		86
	Krautige Kopfstecklinge		55
Clivie	Teilung		74
Comfrey	Teilung Wurzelstecklinge		86 92
Crassula	Ableger		73
Cypergras	Blattrosetten		71
Dachwurz	Ableger (und Aussaat)		73
Dahlie	Teilung (und Aussaat)		77
Deutzie	Verholzende Kopfstecklinge Steckhölzer		58 88
Dieffenbachie	Kopfstecklinge		55
	Stamm-stecklinge Abmoosen		69
Dipladenie	Stengelteil-stecklinge		66
Distelarten	Teilung Wurzel-schnittlinge		86 92
Drachenbaum	Stengelteil-stecklinge		66
	Stamm-stecklinge		68
Drehfrucht	Teilung (und Aussaat) Blattrippen		74 62
Echeveria	Ableger Blattstecklinge		73 60
Efeu	Kopf- u. Stengel-teilstecklinge		55, 66
Efeutute	Kopf- u. Stengel-teilstecklinge		55, 66
Eibe	Verholzende Kopfstecklinge		58
Eibisch (Hibiscus)	Kopf- u. Stengel-teilstecklinge		55, 66
Eisenhut	Teilung		86

Art	Vermehrung durch:	Wann vermehren? (Jan.–Dez.)	siehe Seite
Engelstrompete	Kopfstecklinge (u. Aussaat)	April–Sept.	55
	Stengelteilstecklinge	April–Sept.	66
Enzian	Kopfstecklinge	Aug.	55
Erdbeere	Ausläufer	Juli–Aug.	76
Estragon (franz.)	Teilung	Feb.	86
	Kopfstecklinge	April–Mai	55
Etagenzwiebel	Lebendgebärend	Juli–Aug.	63
Falscher Jasmin	Steckhölzer	Feb.–Nov.	88
Farne	Teilung	März–Aug.	74
Feinstrahlaster	Teilung	April–Mai	86
	Kopfstecklinge	April	55
Felsenteller	Blattstecklinge	Mai–Aug.	60
Felsen-, Zwergmispel	Aufliegende Triebe	Mai–Aug.	
	Verholzende Kopfstecklinge	April–Aug.	58
Fensterblatt	Abmoosen (u. Aussaat)	April–Sept.	69
Fetthenne	Teilung	Jan.–Feb.	86
	Kopfstecklinge	April–Aug.	55
Feuerdorn	Verholzende Kopfstecklinge	Juli–Aug.	58
Fichte	Verholzende Kopfstecklinge	Juli–Aug.	58
Ficus-Arten	Verholzende Kopfstecklinge	Feb.–Nov.	58
	Abmoosen	Feb.–Nov.	69
Flamingoblume	Teilung	April–Juni	74
Flammendes Käthchen	Kopfstecklinge	April–Aug.	55
	Blattstecklinge	April–Aug.	60
Fleißiges Lieschen	Kopfstecklinge (u. Aussaat)	April–Sept.	55
Flieder	Verholzende Stecklinge	Juni–Juli	58
	Steckhölzer	Feb.–Nov.	88
Flockenblume	Teilung	April–Aug.	86
	Wurzelschnittlinge	Okt.–Nov.	92
Forsythie	Verholzende Kopfstecklinge	Juni–Juli	58
	Steckhölzer	Feb.–April	88
Frauenschuh	Teilung	März–Mai	74
Froschbiß	Ausläufer	April–Aug.	76
Freesie	Zwiebelknollen	Jan.–April	83
Fuchsien	Kopfstecklinge	Feb.–Nov.	55

Art	Vermehrung durch:	Wann vermehren? (Jan.–Dez.)	siehe Seite
Gardenie	Kopf- und Stengelteilstecklinge		58, 69
Geranie	Kopfsteckling	März–April, Aug.–Sept.	55
Gerbera	Teilung (und Aussaat)	Feb.–Nov.	74
Gewürzstrauch	Abmoosen	Juni–Sept.	69
Gladiolen	Zwiebelknollen	März–April	83
Glanzkölbchen	Stengelteilstecklinge	April–Sept.	66
Gliederkakteen	Blattstecklinge		60
Glockenblumen	Teilung	März–April	86
	Kopfstecklinge	April–Mai	55
Gloxinie	Teilung von Knollenwurzeln	Feb.–April	78
	Blattrippen		62
Glycine (Wisteria)	Verholzende Kopfstecklinge	Juli–Aug.	58
Goldmelisse	Ausläufer	Juli–Aug.	76
	Kopfstecklinge	Juli–Aug.	55
Goldrute	Teilung	Feb.–März, Okt.–Nov.	86
Granatapfel	Kopfstecklinge (u. Aussaat)	April–Sept.	58
Grapefrucht	Verholzende Kopfstecklinge	Juli–Aug.	58
Grünlilie	Achseltriebe	Feb.–Nov.	73
Gummibaum	Kopf- und Stengelteilstecklinge	April–Aug.	58, 66
	Abmoosen	April–Aug.	68
Günsel	Ausläufer	April–Aug.	76
Gurken	Pfropfen		90
Hakenlilie (Gloriosa)	Teilung von Knollen	Feb.	77
Hartriegel	Abmoosen	Juni–Sept.	69
	Steckhölzer	Feb.–Nov.	88
Haselnuß	Steckhölzer	Feb.–Nov.	88
Heidekraut	Verholzende Kopfstecklinge	Aug.	58
Heidelbeere	Steckhölzer	Feb.–April	88
Hemlocktanne	Verholzende Kopfstecklinge	Aug.–Sept.	58
Henne und Küken	Lebendgebärende	Mai–Sept.	63
Herbstzeitlose	Zwiebeln	Juni–Aug.	79
Himbeere	Steckhölzer	Feb.–März, Okt.–Nov.	88
Hirschzungenfarn	Blattstiele	Mai–Aug.	63

Art	Vermehrung durch:	Jan.	Feb.	März	April	Mai	Juni	Juli	Aug.	Sept.	Okt.	Nov.	Dez.	siehe Seite
Holunder	Verholzende Kopfstecklinge						▬	▬						58
	Steckhölzer	▬	▬	▬										88
Hortensien	Verholzende Kopfstecklinge						▬	▬						58
	Steckhölzer	▬	▬	▬					▬	▬				88
Hyazinthe	Zwiebeln							▬	▬					79
Immergrün	Kopfstecklinge						▬	▬						55
Indianernessel	Teilung				▬	▬								86
Ismene	Zwiebeln							▬						79
Japananemone	Wurzelschnittlinge									▬				92
Johannisbeere Blut-, Zierjohannisbeere	Verholzende Kopfstecklinge						▬	▬						58
	Steckhölzer									▬	▬	▬		88
Judenbart	Achseltriebe				▬	▬	▬							73
Kaffeebaum	Abmoosen und Aussaat			▬	▬	▬	▬	▬	▬					69
Kaiserkrone	Zwiebelschuppen								▬	▬				79
Kalmus	Teilung der Rhizome				▬	▬								84
Kamelie	Blatt- und Stengelteilstecklinge													60, 66,
	Kopfstecklinge				▬	▬								58
Kastanienwein	Stengelteilstecklinge			▬	▬	▬								66
Katzenminze	Teilung			▬	▬									86
	Kopfstecklinge					▬								55
Kaukasusvergißmeinnicht	Teilung									▬	▬			86
	Wurzelstecklinge									▬	▬			92
Kinderbaum	Lebendgebärende							▬	▬					63
Kiwi	Verholzende Kopfstecklinge						▬	▬						58
Knöterich	Kopfstecklinge				▬									55
	Ausläufer						▬	▬						76
Knollenbegonien	Teilung der Knollenwurzel					▬	▬							78
Königskerze	Wurzelschnittlinge (u. Aussaat)									▬				92
Kokardenblume	Wurzelschnittlinge										▬	▬		92
Kolkwitzia	Verholzende Kopfstecklinge						▬	▬						58
Korallenstrauch	Kopfstecklinge (u. Aussaat)			▬	▬	▬	▬							55

Art	Vermehrung durch:	Jan.	Feb.	März	April	Mai	Juni	Juli	Aug.	Sept.	Okt.	Nov.	Dez.	siehe Seite
Kranzschlinge	Augen-, Stengelteilstecklinge			▬	▬	▬	▬	▬						66
Küchenschelle	Wurzelschnittlinge									▬				92
Kugelprimel	Teilung									▬				86
	Wurzelschnittlinge									▬				92
Kumquat	Verholzende Kopfstecklinge					▬	▬							58
Laichkraut	Ausläufer							▬	▬					76
Lampionblume	Ausläufer							▬	▬					76
Lavendel	Kopfstecklinge (u. Aussaat)						▬	▬						58
Leberbalsam	Kopfstecklinge (u. Aussaat)			▬										55
Leuchterblume	Teilung der Rhizome	▬	▬	▬	▬									84
Liebstock	Teilung (und Aussaat)				▬	▬								86
Liguster	Verholzende Kopfstecklinge							▬	▬					58
	Steckhölzer									▬	▬			88
Lilien	Zwiebeln									▬	▬			78
	Zwiebelschuppen									▬	▬			79
	Achselbulben								▬	▬				
	Stengelbulben								▬	▬				81
Lorbeerkirschen	Verholzende Kopfstecklinge							▬	▬					58
Mandarine	Verholzende Kopfstecklinge					▬	▬							58
Märzenbecher	Zwiebeln							▬	▬					78
Margeriten	Teilung			▬	▬						▬	▬		86
Maulbeerbaum	Verholzende Kopfstecklinge						▬	▬						58
Meerrettich	Wurzelstecklinge			▬	▬									92
Montbretien	Zwiebelknollen	▬	▬							▬	▬			83
	Teilung der Zwiebelknollen	▬	▬	▬										83
Nelkenwurz	Kopfstecklinge				▬									55
Nerine	Zwiebeln								▬	▬				79
Oleander	Kopfstecklinge	▬	▬	▬	▬	▬	▬	▬						58
Olive	Verholzende Kopfstecklinge					▬	▬							58
Opuntien	Blattstecklinge	▬	▬	▬	▬									60
Orchideen	Teilung	▬	▬	▬	▬									74

Art	Vermehrung durch:	Wann vermehren?	siehe Seite
Oregano	Teilung (und Aussaat)	April–Mai	86
	Verholzende Kopfstecklinge	Mai–Juni	58
Pappel	Steckhölzer	Jan.–Feb.	88
Passionsblume	Stengelteilstecklinge	April–Juni	66
Perückenstrauch	Steckhölzer	Juni–Juli	88
Pfeffergesicht	Kopf- und Blattstielstecklinge	April–Aug.	55, 63
Pfeilkraut	Ausläufer	Juni–Juli	76
Pfennigkraut	Ausläufer	Mai–Juli	76
Pfirsich s. Aprikose			
Pflaume	Steckhölzer,	Okt.–Nov.	88
Phlox	Teilung	März; Okt.–Nov.	86
	Wurzelschnittlinge	Juli	92
Primeln	Teilung (und Aussaat)	Feb.–April	86
Purpurglöckchen	Kopfstecklinge	Juli	55
Quitte	Edelreiser gewinnen	Jan.; Aug.	90
	Kopulieren	Feb.	
Rhododendron	Verholzende Kopfstecklinge	Juli–Aug.	58
Rittersporn	Teilung (und Aussaat)	März–April	86
	Kopfstecklinge	April	55
Rosen	Steckhölzer	Feb.–März; Okt.	88
	Augen- oder Stengelteilstecklinge	Juli	66
Rosmarin	Verholzende Kopfstecklinge	Juli	58
Sanseveria	Teilung der Rhizome	März–Aug.	84
	Blatteilstecklinge	März–Aug.	60
Sauerampfer	Teilung (und Aussaat)	April	86
Schaumblüte	Ausläufer	Mai	76
Scheinquitte	Verholzende Kopfstecklinge	Juni	58
	Wurzelschnittlinge	Mai	92

Art	Vermehrung durch:	Wann vermehren?	siehe Seite
Schiefteller	Teilung der Schuppenrhizome	April–Mai	82
	Kopfstecklinge	Juni–Juli	55
	Blattstücke	Juni–Juli	60
Schneeball Schneeglöckchen	Steckhölzer	Aug.	88
	Zwiebeln	Aug.–Sept.	79
Schnittlauch	Teilung (und Aussaat)	März–Okt.	86
Schwertfarn	Achseltriebe	ganzjährig	73
Schwertlilien	Teilung der Rhizome	Juli–Aug.	84
Seekanne	Ausläufer	Mai–Juni	76
	Blattstecklinge	Mai–Juni	60
Seerosen	Teilung der Rhizome	Mai	84
Sibirische Schwertlilie	Teilung	Mai	86
Skabiose	Kopfstecklinge	Mai	55
Skimmie	Verholzende Kopfstecklinge	Juli–Aug.	58
	Steckholz	Jan.–Feb.	88
Smithiantha	Teilung der Schuppenrhizome	Juli–Aug.	82
Sonnenhut Sonnenröschen	Teilung	März; Okt.–Nov.	86
	Kopfstecklinge	Mai	55
Sonnentau	Blattstecklinge	Juni	60
Spireen	Verholzende Kopfstecklinge	Juli	58
Stachelbeere	Steckholz	Feb.–Okt.	88
	Verholzende Kopfstecklinge	Juli	58
Staudenmohn	Wurzelschnittlinge	Sept.–Okt.	92
Staudenschleierkraut	Kopfstecklinge und Aussaat	Juni	58
	Wurzelschnittlinge	Sept.	92
Storchschnabel	Wurzelschnittlinge	Sept.	92
Strandhafer	Ausläufer	April–Mai	76
Strauchbegonie	Kopfstecklinge	Mai–Sept.	55
Süßkartoffeln	Teilung der Knolle	April–Mai	78
Tamariske	Verholzende Kopfstecklinge	Juli–Aug.	58
	Steckhölzer		88

VEGETATIVE VERMEHRUNG

Art	Vermehrung durch:	Jan.	Feb.	März	April	Mai	Juni	Juli	Aug.	Sept.	Okt.	Nov.	Dez.	siehe Seite
Tanne	Verholzende Kopfstecklinge							▬	▬					58
Tannenwedel	Ausläufer							▬						76
Thymian	Kopfstecklinge (und Aussaat)						▬	▬						55
Topfrose	Stengelteilstecklinge								▬	▬	▬			66
Topinambur	Knollen		▬	▬										78
Tulpe	Zwiebeln								▬	▬				79
Usambaraveilchen	Teilung, Blattstecklinge			▬	▬	▬	▬	▬	▬	▬	▬	▬		74, 60
Wacholder	Verholzende Kopfstecklinge						▬	▬						58
Waldmeister	Teilung					▬								86
Waldrebe (Clematis)	Stengelteilstecklinge								▬	▬	▬			66
Walnuß	Kopulieren			▬	▬									90
Wandelröschen	Kopfstecklinge			▬	▬	▬	▬	▬						55
Wasserhyazinthe	Ausläufer							▬	▬					76
Wasserschlauch	Ausläufer								▬	▬				76
Weide	Steckhölzer		▬	▬										88
Weihnachtsstern	Kopfstecklinge				▬	▬								55

Art	Vermehrung durch:	Jan.	Feb.	März	April	Mai	Juni	Juli	Aug.	Sept.	Okt.	Nov.	Dez.	siehe Seite
Wein	Stengelteilstecklinge							▬						66
	Steckhölzer (unter Glas)	▬	▬	▬								▬	▬	88
	Kopulation													90
Wildrosen	Wurzelschnittlinge									▬				92
Wollgras	Ausläufer								▬	▬	▬			76
Ysop	Teilung													86
	Kopfstecklinge								▬	▬				55
Yuccapalme	Teilung der Rhizome				▬	▬								84
Zaubernuß	Abmoosen				▬	▬	▬	▬	▬	▬	▬			69
	Steckhölzer													88
	Kopulieren													90
Zierspargel	Teilung													74
Zimmerhopfen	Kopfstecklinge				▬	▬								55
Zitrone	Verholzende Kopfstecklinge													58
Zitrusarten	Abmoosen				▬	▬								69
Zypergras	Teilung, Blattrosetten			▬	▬	▬	▬	▬	▬	▬	▬			74, 71
Zylinderputzer	Kopfstecklinge (und Aussaat)				▬	▬	▬	▬	▬					55

Praxistips für Hobby-Gärtner

Martin Stangl
Martin Stangl's großer Garten-Ratgeber
Planung, Anlage, Geräte, Blumen, Gehölze, Obst,
Gemüse, Düngung, Pflanzenschutz. Mit Arbeitskalender
Alle Themen rund um den Garten – praxisgerecht auf-
bereitet und leicht verständlich beschrieben: Planung,
Anlage, Geräte, Blumen, Gehölze, Gemüse, Düngung,
Pflanzenschutz und vieles mehr.

Martin Stangl
Tips und Tricks für Hobbygärtner
Das Geheimnis des gärtnerischen Erfolgs: Tips, Tricks
und Kniffe für die Praxis – besonders anschaulich und
leicht nachvollziehbar dargestellt; Arbeiten im Gemüse-,
Obst- und Ziergarten; Geräte, Technik, Zubehör.

Kurt Henseler
Der Pflanzendoktor für den Hausgarten
Krankheiten und Schädlinge erkennen.
Obst, Gemüse und Zierpflanzen richtig behandeln
Allgemeine Pflanzenschutzmaßnahmen, aktuelles
Pflanzenschutzgesetz, Schnelldiagnose durch Tabellen
mit vielen Fotos; chemische, biologische und mecha-
nische Behandlungsmethoden.

Martin Stangl
Gartenarbeit rund ums Jahr
Anschauliche und leicht nachvollziehbare Beschreibun-
gen aller notwendigen Arbeiten im Zier-, Gemüse- und
Obstgarten – vom Pflanzen und Pflegen bis zu Ernte
und Lagerung von Obst und Gemüse; Arbeitskalender.